DESSINS JAPONAIS.

OUVRAGES ILLUSTRÉS DU JAPON.

LIVRES JAPONAIS ET CHINOIS
ANCIENS ET MODERNES.

VENTE PUBLIQUE

MERCREDI 12 JUILLET 1893

à la maison de E. J. BRILL,

Oude Rijn, N⁰. 33ª. à LEIDE.

La vente commencera à 11 heures du matin.

 **Jours d'inspection: Lundi et Mardi 10 et 11 Juillet.**

LEIDE. — E. J. BRILL.
1893.

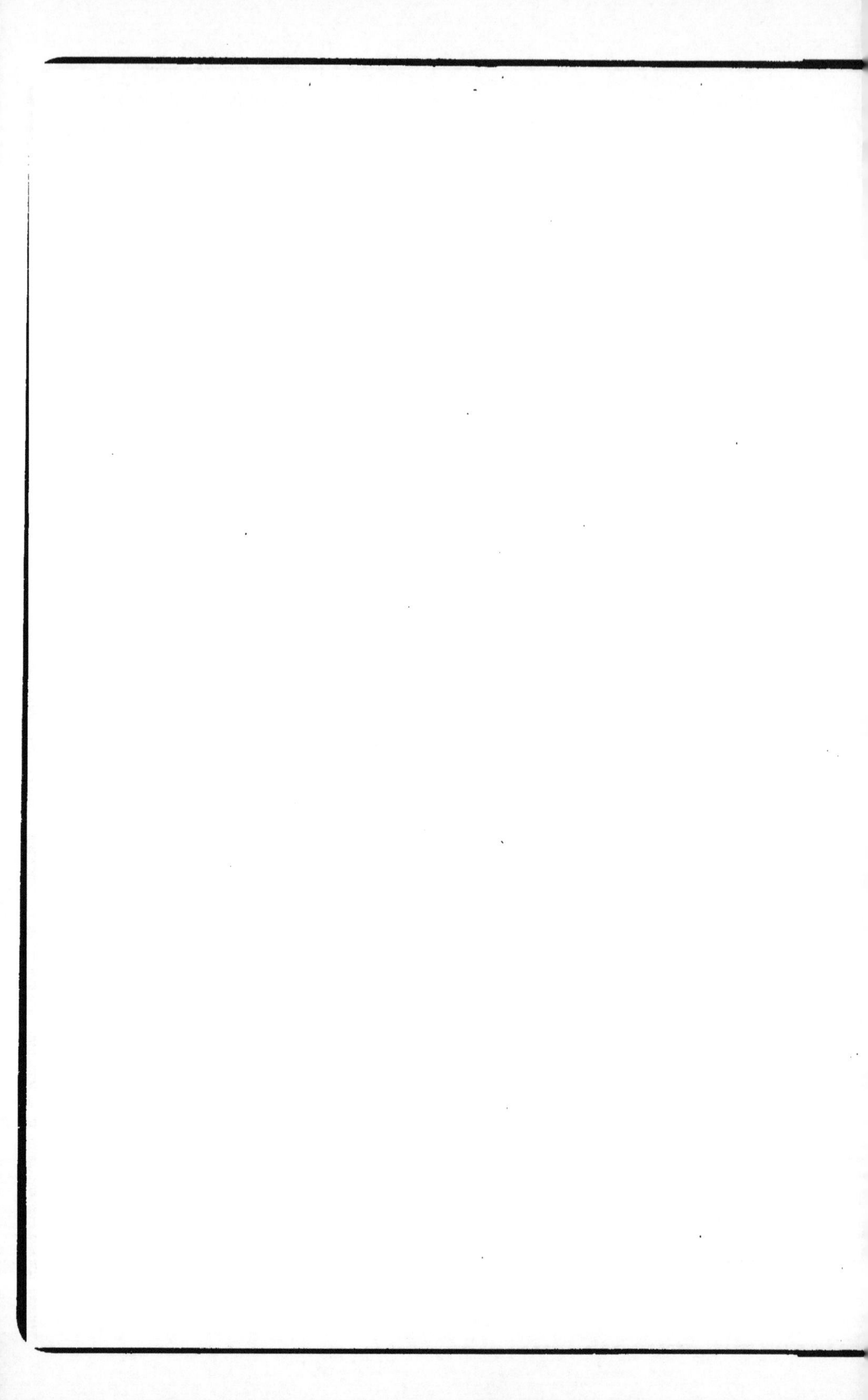

DESSINS JAPONAIS.

OUVRAGES ILLUSTRÉS DU JAPON.

LIVRES JAPONAIS ET CHINOIS
ANCIENS ET MODERNES.

VENTE PUBLIQUE

MERCREDI 12 JUILLET 1893

à la maison de E. J. BRILL,

Oude Rijn, N°. 33ᵃ. à LEIDE.

La vente commencera à 11 heures du matin.

☞ **Jours d'inspection: Lundi et Mardi 10 et 11 Juillet.**

LEIDE. — E. J. BRILL.
1893.

Conditions de la vente.

Tout se vend suivant l'indication du Catalogue, aux risques et au péril de l'acquéreur. La vente se fait au comptant, en argent de Hollande.

(1 Florin = 100 Cents = 2 fr. 12 c. Franç. = Mark 1.70 Allem. = 1 sh. 8 d. Angl.)

Les acquéreurs payeront 10°/₀ en sus des enchères.

Les personnes qui n'ont pas satisfait à leurs obligations des ventes précédentes ne seront pas admises dans cette vente pour acquéreurs.

Les réclames doivent se faire dans l'espace de 4 semaines à compter du dernier jour de la vente, ce délai une fois passé, aucune réclamation ne sera plus admise.

La maison **E. J. BRILL** se charge g r a t i s de remplir les commissions des personnes qui ne pourraient assister à la vente.

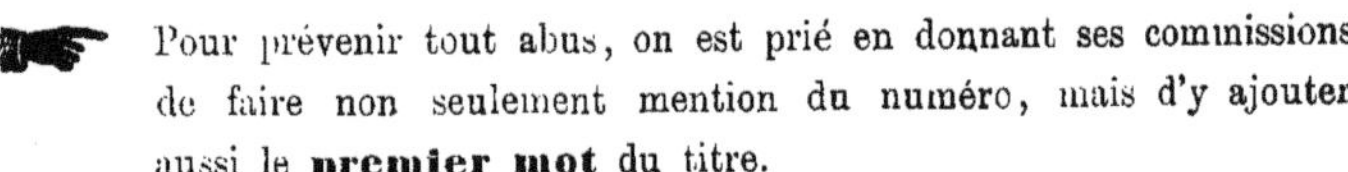

Pour prévenir tout abus, on est prié en donnant ses commissions de faire non seulement mention du numéro, mais d'y ajouter aussi le **premier mot** du titre.

PREMIÈRE PARTIE.

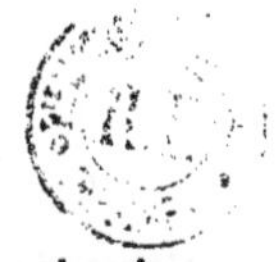

a. Rouleaux de papier sans fin couvert de dessins en couleurs, séparés par le texte manuscrit.

a. Makimono's.

1. Rouleau de quatre dessins.

1 *dessin*. Groupe de chevaliers entrant dans un palais entouré d'un parc dans lequel on voit des cerfs.

2 *dessin*. Dame noble assise sous des bambous, en conversation avec un chevalier agenouillé en face d'elle.

3 *dessin*. Groupe de charpentiers et de maçons construisant une maison. Un rocher à droite les sépare d'une maison dans laquelle on aperçoit un couple endormi. Une déesse est descendue des cieux sur les bambous, qui se trouvent dans le jardin en face de la maison.

4 *dessin*. Aspect d'une ville. On voit trois maisons en front séparées par des rues dans lesquelles se trouvent quelques personnes.
Longueur 11.25 M., largeur 0.44 M.

2. Rouleau de quatre dessins.

1 *dessin*. Un palais devant lequel un char attend, entouré de chevaliers. Au lointain, dans un jardin, on voit des groupes de personnages vêtus de longs habits. Le jardin est séparé d'une plaine, ou se trouvent des cavaliers et des chevaliers à pied derrière un grillage pourvu d'une porte.

2 *dessin*. Un jardin rempli de hauts personnages, qui attendent l'arrivée de l'empereur. Au fond du jardin se trouve un musicien.

3 *dessin*. Une bataille sur un terrain ondulé. La mêlée est assez vive: on voit jaillir le sang des blessés.

4 *dessin*. Palais. Devant la porte un char est arrivé. A l'intérieur des personages de rang élevé en conférence avec une dame.
Longueur 9.30 M., largeur 0.44 M.

3. Rouleau de cinq dessins.

1 *dessin*. Intérieur d'un palais. Dans la première chambre se trouvent quelques dames richement vêtues; dans la pièce voisine deux gentilhommes en conversation.

2 *dessin*. Intérieur d'un palais dans lequel un gentilhomme s'entretient avec ses femmes.

3 *dessin*. Un palais avec une cour. Dans la cour se trouvent quelques cavaliers, menant leurs chevaux par la bride. Dans le palais se trouvent des personnes de rang élevé. Le palais est séparé de la rue par une muraille avec une porte.

4 *dessin*. Intérieur d'un palais. On voit l'habitant endormi dans une chambre à coucher tandis que les fonctionnaires attendent dans les chambres voisines et sur les vérandah's.

5 *dessin*. Palais presque tout à fait fermé. Sur les marches de l'escalier on voit un chevalier endormi. Dans le jardin quelques serviteurs qui apportent des habits, des armes etc.
Longueur 10.15 M., langeur 0.44 M.

4. Rouleau de six dessins.

1 *dessin*. Palais fortifié; à l'intérieur deux personnes en conversation. Un char attelé d'un buffle attend à la porte.

2 *dessin*. Deux cavaliers suivis de leurs domestiques parcourant un bois.

3 *dessin*. Palais fortifié; devant la porte attendent quelques chars. La cour du palais est remplie de personnes et séparée d'une cour intérieure par une galérie couverte où se trouvent quelques hommes. Dans la cour intérieure on voit un cavalier, qui fait caprioler son cheval devant un gentilhomme avec un faucon sur la main. A côté on aperçoit le jardin du palais avec ses volières et ses étangs.

4 *dessin*. Palais entouré d'un jardin dans lequel se trouvent trois groupes de personnes en conversation. Au dessus de leurs tétes on a déployé des parasols.

5 *dessin*. Ascension d'un personnage noble conduit par un saint.

6 *dessin*. Chambre à coucher avec deux femmes endormies. Un homme les quitte à la hâte en voyant venir un gentilhomme par le jardin.
Longueur 10.59 M., largeur 0.44 M.

5 Rouleau de six dessins.

1 *dessin*. Une partie réprésente une maison au grand matin, l'autre une cour de justice avec les juges et les condamnés.

2 *dessin*. Partie d'une maison.

3 » Maison de campagne dans une contrée montagneuse.

4 » Temple bouddhique rempli de bonzes, pélérins, guerriers etc. qui assistent au culte.

5 *dessin*. Une porte dans un parc devant laquelle se trouvent quelques mendiants lisant un écriteau sur un poteau.

6 *dessin*. Intérieur d'une maison dans laquelle on arange une offrande. Au dessus du jardin le Bouddha descendant des cieux, accompagné d'une suite de gens en costume de cérémonie.
Longueur 10.15 M., largeur 0.44 M.

6. Rouleau de cinq dessins.

1 *dessin*. Façade d'un palais donnant sur un grand jardin dans lequel quelques palanquins entourés de leurs porteurs.

2 *dessin*. Partie d'un temple avec ses bonzes. Par la porte du fond entr'ouverte on aperçoit quelques cerfs.

3 *dessin*. Char attelé d'un buffle dans un parc, suivi d'un troupeau de cerfs.

4 *dessin*. Intérieur d'une maison.

5 » Intérieur d'un temple.
Longueur 8.06 M., largeur 0.44 M.

7. Rouleau de sept dessins.

1 *dessin*. Entrée d'un temple. Dans le vestibule un prêtre surprend un bonze endormi.

2 *dessin*. Intérieur d'une maison.

3   »   Chambre à coucher d'une dame noble.

4   »   Vérandah d'une maison entourée d'un jardin.

5   »   Cour d'une maison dans laquelle on voit un couple endormi. Le gardien sur le vérandah est endormi également. Dans le grenier voisin un voleur éventre des balles de riz, tandisqu'un autre homme se rend avec deux balles à une maison voisine dans laquelle on s'est mis à table.

7 *dessin*. Intérieur d'une maison.
Longueur 9.88 M., largeur 0.44 M.

8. Rouleau de cinq dessins.

1 *dessin*. Cour d'une maison dans laquelle se trouvent quelques cerfs. Il arrive trois bonzes à cheval.

2 *dessin*. Intérieur d'une maison avec petit jardin.

3   »   Entree d'un temple dans une rue.

4   »   Partie d'une maison avec quelques bonzes.

5   »   Entrée d'un temple.
Longueur 6.90 M., largeur 0.44 M.

9. Rouleau de trois dessins.

1 *dessin*. Ascension d'une sainte dans la chambre intérieure d'une maison de campagne.

2 *dessin*. Chambre à coucher d'une femme chez qui quelques personnes sont venues pour prier.

3 *dessin*. Intérieur d'une maison dans laquelle une femme reçoit quelques personnes.
Longueur 7.70 M., largeur 0.44 M.

10. Rouleau de 17 dessins magnifiques, en couleurs; au commencement quelques lignes de texte.

1 *dessin*. Pélerin montant au mont Fousi.

2   »   Etang entouré de montagnes, au lointain le mont Fousi.

3   »   Temple sur un plateau élevé; dans la pleine quelques maisonnettes avec des cloches etc.

4 *dessin*. Bosquet.

5   »   Paysage traversé par une rivière; sur la rive gauche un chasseur avec une torche.

6 *dessin*. Groupes de maisons de paysan couvertes de paille.

7   »   Groupe de montagnes.

8   »   Arbre.

9   »   Grand lac entouré de collines.

10   »   Maisonnette dans la montagne.

11   »   Bois rempli de brouillard; le soleil qui vient de se lever, perce le brouillard.

12 *dessin*. Lac avec un bateau quittant la rive, chargé de plusieurs personnes.

13 *dessin*. Vaste plaine avec une colline; sur le sommet un cerf.

14 *dessin*. Rivière traversant un pays cailleux.

15 » Sentier dans la montagne.

16 » Grande rivière coulant entre des montagnes, une ville sur chaque rive.

17 *dessin*. Paysage traversé par une rivière; sur la rive droite l'entrée d'une ville.
Longueur 16.61 M., largeur 0.41 M.

11. Rouleau comme le précédent; 18 dessins.

1 *dessin*. La mer avec un débarquadère.

2 » Paysage représentant une rivière, un arbre et quelques, oiseaux.

3 *dessin*. Rivière dont les bords sont couverts de bosquet fleuris.

4 » Paysage montagneux traversé par une rivière.

5 » Maisonnette dans un paysage.

6 » Paysage dans lequel un blanchisseur suspend le linge.

7 » Paysage avec rivière.

8 » Grand lac, un temple.

9 » Quelques bambous dans une plaine.

10 » Cataracte visité par cinq personnes.

11 » Rivière dont les bords rocheux sont surmontés de maisonnettes.

12 » Paysage sous la neige.

13 » Grand lac entouré d'arbres et couvert de bateaux.

14 » Grand lac parsemé de petites îles sur lesquelles de petites maisons.

15 *dessin*. Paysage marécageux; pêcheur dans son bateau.

16 » Un homme en bateau sur une rivière escorte un haut personnage.

17 *dessin*. Temple dans un pays montagneux.

18 » Paysage avec temple entouré d'arbres à feuilles blanches.
Longeur 16.23 M., longeur 0.41 M.

12. Rouleau comme le précédent; 19 dessins.

1 *dessin*. Paysage représentant plusieurs petits lacs.

2 » Rivière entre des rochers.

3 » Rivière avec trois grues sur la rive.

4 » Pont à travers une fleuve.

5 » Paysage montagneux; la lune à l'horizont.

6 » Paysage montagneux avec des maisonnettes.

7 » La chasse au faucon; deux chevaliers se rencontrent dans une risière.

8 *dessin*. Maisonnette au bord d'une risière avec une personne en train de lire.

9 *dessin*. Vue d'un temple.

10 *dessin.* Cavalier se rendant à la montagne, accompagné de quatre serviteurs.

11 *dessin.* Village au bord d'une rivière, sur laquelle deux vaisseaux.

12 » Plage sur lequel quelques bateaux sont mouillés.

13 » Fleuve éclairée par la lune.

14 » Paysage.

15 » Paysage rocheuse traversé par une rivière.

16 » Porte naturelle formé par un rocher.

17 » Mont au sommet duquel un cerf, contemplant la lune.

18 » Rivière.

19 » Grand lac en plein hiver.

Longeur 17.20 M., largeur 0.41 M.

13. Rouleau comme le précédent; 5 dessins.

1 *dessin.* Personnage d'un rang élevé donnant audience à plussieurs femmes dans une maison devant laquelle attendent quelques hommes agenouillés.

2 *dessin.* Maison au bord de la mer avec quelques personnes qui visitent l'habitant.

3 *dessin.* Rivière avec un pêcheur en bateau; sur la rive gauche deux personnages.

4 *dessin.* Maison d'une dame noble, qui reçoit dans une chambre entourée de ses femmes quelques chevaliers, qui apportent des cadeaux et dont les chevaux attendent dans le jardin.

5 *dessin.* Cortège d'un chevalier à cheval, qui garde trois palanquins entourés de femmes et de serviteurs.

Longueur 14.82 M., largeur 0.33 M.

14. Rouleau comme le précédent; 6 dessins.

1 *dessin.* Intérieur d'une maison dans laquelle un chevalier reçoit un paysan, qui vient se plaindre.

2 *dessin.* Maison donnant sur un lac. A l'intérieur on voit une femme et un homme en conférence, tandis que dans une pièce voisine se trouve une autre femme qui se fait lire une lettre par un chevalier.

3 *dessin.* Intérieur d'une maison dans laquelle plusieurs chevaliers réunis, présentant un manuscrit au maître du logis.

4 *dessin.* Ville fortifiée attaquée par des soldats, qui sont repoussés par la garnison exécutant une sortie.

5 *dessin.* Ville assiégée par des chevaliers et défendue par les habitants se montrant sur les remparts.

6 *dessin.* Gentilhomme priant devant un arbre.

Longueur 13 60 M., largeur 0.33 M.

15. Rouleau comme le précédent; 6 dessins.

1 *dessin.* Intérieur d'une maison dans laquelle deux grands personnages reçoivent.

2 *dessin.* Maison de campagne au bord d'une rivière. Dans la maison on voit un homme en repos.

3 *dessin.* Autel sur le toit plat d'une maison. Devant l'autel un chevalier prie agenouillé.

4 *dessin*. Intérieur d'une maison dans laquelle une dame noble donne audience.

5 *dessin*. Petit jardin au bord d'un lac. Dans le jardin un homme allume un foureau.

6 *dessin*. Risière avec paysans se rendant au travail.
Longueur 13.08 M., largeur 0.33 M.

16. Suite de six dessins sur rouleau, séparés par des cadres jaunes.

1 *dessin*. Une chasse dans les risières.

2 » Une chasse dans les risières.

3 » Scène rurale. Une maison de paysan avec plusieurs personnes; au lointain les risières en train d'être préparées.

4 *dessin*. La plantation de jeunes plantes de riz.

5 » Scène de village.

6 » La récolte.

17. Suite de dix-sept dessins fort intéressants, illustrant tout ce qui a rapport à la production de l'or.

1 *dessin*. Une mine avec les ouvriers. Auprès de chaque groupe se trouve un écriteau indiquant l'espèce de leur travail.

2 *dessin*. Chambre dans laquelle on prépare et on pèse l'or.

3 » Chambre pareille à la précédente mais plus grande.

4 » Chambre de travail.

5 » Chambre ou le lavage et la fonte ont lieu.

6 » Chambre destinée au même ouvrage.

7 » Chambre des assayeurs.

8 » Chambre où l'on pèse l'or en barres.

9 » Chambre où l'on découpe les barres.

10 » Chambre où l'on pèse.

11 » — 17 Les ateliers des orfèvres.
Longueur 10.00 M., largeur 0.31 M.

18. Suite de huit dessins en rouleau; séparés par le texte.

1 *dessin*. Petit temple avec plusieurs saints.

2 » Déesse descendant des cieux.

3 » Maison de campagne avec quelques dames nobles.

4 » Maison d'un gentilhomme.

5 » Maison d'un gentilhomme.

6 » Maison de campagne dans laquelle quelques personnes assistent à l'ascension d'un seigneur accompagné par de génies.

7 *dessin*. Dragon de mer regardant une femme richement vêtue, gardée par un homme vêtu de blanc.

7ᵃ *dessin*. Intérieur d'une maison.

8 » Femme au bord d'une rivière; un cadeau lui est apporté par un dragon, qui a quitté la rivière.
Longueur 16.50 M., largeur 0.32 M.

19. Dessin sur rouleau.
>L'avant-garde du cortége d'un Daimio.
>Longueur 7.80 M., largeur 0.20 M.

20. Dessin sur rouleau.
>Le Daimio et sa suite.
>Longueur 6.28 M., largeur 0.20 M.

21. Divers dessins sur rouleau.
>Des sabres, des pointes de lances, des flèches, des arcs, emblèmes et utensiles de guerre etc.
>Longueur 8.33 M., largeur 0.29 M.

22. Dessin d'emblêmes de guerre; Bannières etc.
>Longueur 5.42 M., largeur 0.30 M.

23. Série de dix rouleaux illustrant les courses de chevaux.
>1 Texte.
>>Longueur 3.15 M., largeur 0.17 M.
>2 Texte.
>>Longueur 4.37 M., largeur 0.17 M.
>3 Texte.
>>Longueur 1.20 M., largeur 0.17 M.
>4 Texte.
>>Longueur 1.22 M., largeur 0.17 M.
>5 Plan des courses.
>>Longueur 2.16 M., largeur 0.17 M.
>6 Les courses.
>>Longueur 2.15 M., largeur 0.17 M.
>7 Les courses.
>>Longueur 2.15 M., largeur 0.17 M.
>8 Les courses.
>>Longueur 2.19 M., largeur 0.17 M.
>9 Les courses.
>>Longueur 2.15 M., largeur 0.17 M.
>10 Les courses.
>>Longueur 2.15 M., largeur 0.17 M.

24. Rouleau de cinquante croquis admirables.
>Longueur 5.78 M., largeur 2.45 M.

25. Rouleau de dix-huit aquarelles.
>Des oiseaux, des plantes etc. —
>Longueur 5.50 M., largeur 0.28 M.

26. Rouleau de vingt-sept dessins; croquis destinés à être reproduits sur des éventails.
>Longueur 7.90 M., largeur 0.28 M.

27. Rouleau, suite de trois pièces, manuscrit.

28. Rouleau comme le précédent.

29. Rouleau comme le précédent.

> Le texte est inscrit sur du papier nuagé de bleu.

b. Kakémono's.

30. Déesse, accompagnée de sa suite, descendant des cieux.

> Dessin en couleurs sur soie.
> Longueur 1.66 M., largeur 0.39 M. *Signé* 文晁 (Tani) Boun
> -tsŭjŏ (commencement du 19e siècle).

31. Le dieu Foukou-rokou adorant le soleil levant debout sur une tortue.

> Dessin en couleurs sur soie.
> Longueur 1.50 M., largeur 0.47 M. *Signé* Soui-siyoo 翠洋.

32. Paysage montagneux au bord du lac Biwa éclairé par la lune.

> Dessin en couleurs sur soie.
> Longueur 1.73 M., largeur 0.43 M.

33. Personnage d'un rang élevé avec sa suite.

> Dessin en couleurs sur soie.
> Longueur 1.28 M., largeur 0.70 M. *Signé* (Tosano) Naga-haru
> 永春.

34. Un coq.

> Dessin en couleurs sur soie.
> Longueur 1.76 M., largeur 0.44 M.

35. Un poule.

> Dessin en couleurs sur soie.
> Longueur 1.76 M., largeur 0.44 M.

36. Des femmes cueillant des branches de pin pour la fête du 3 Janvier.

> Dessin en couleurs sur soie.
> Longueur 1.56 M., largeur 0.46 M.

37. Vieillard à cheval traversant un pont.

> Dessin en couleurs sur soie.
> Longueur 1.41 M., largeur 0.37 M.

38. Paysage rocheux en hiver; dans le fond un gentilhomme dans une maisonnette.

> Dessin en couleurs sur soie.
> Longueur 1.57 M., largeur 0.44 M. *Signé* Oun-Kei 雲景.

39. Paysage; dans le fond un cavalier appelant sa suite qui s'est cachée derrière un roc.

> Dessin en couleurs sur soie.
> Longueur 1.57 M., largeur 0.44 M.
> Les N°. 38—39 du même peintre font pendants.

40. Dame coupant une branche d'arbre.
> Dessin en couleur sur soie.
> Longueur 1.65 M., largeur 0.51 M.

41. Frêne (Momidzi).
> Dessin en couleurs sur soie.
> Longueur 1.65 M., largeur 0.39 M. *Signé* Takatomo.

42. Roseau fleuri sur un rocher.
> Dessin en couleurs sur soie.
> Longueur 1.52 M., largeur 0.46 M. *Signé* Siyoun-tei 春亭.

43. Deux chevaux sous un palmier.
> Dessin en couleur sur soie.
> Longueur 1.62 M., largeur 0.45 M. *Signé* Ikkiu 一丘.

44. Deux faisans sous un arbuste.
> Dessin en couleurs sur soie.
> Longueur 1.61 M., largeur 0.43 M. *Signé* Kouwan-sen 寬僊.

45. Vue sur un lac.
> Dessin en couleurs sur soie.
> Longueur 2.30 M., largeur 0.69 M.

46. Plage.
> Dessin en couleurs sur soie.
> Longueur 2.30 M., largeur 0.69 M.
> (N°. 45—46 font pendants.)

47. Paysage rocheux avec une rivière, une chûte d'eau des maisons etc.
> Dessin en couleurs sur soie.
> Longueur 1.41 M., largeur 0.91 M.

48. Jeune fille sur une vérandah, regardant la neige, qui tombe.
> Dessin en couleurs sur soie.
> Longueur 1.45 M., largeur 0.91 M.

49. Deux oiseaux perchés sur un arbuste en fleurs.
> Dessin en couleurs sur soie.
> Longueur 1.09 M., largeur 0.60 M. *Signé.*

50. Pivoine; un moineau dans l'air.
> Dessin en couleurs sur soie.
> Longueur 1.70 M., largeur 0.59 M. *Signé* ton-sen 董泉.
> Commencement du 19e siècle.

51. Le mont Fousi; dans le fond quelques arbres sur un roc.
> Dessin en couleurs sur soie.
> Longueur 1.90 M., largeur 0.56 M. *Signé* Kuwan-gi 貫義.

52. Deux singes (Innuus speciosus) sur une roche.
Dessin en couleurs sur soie.
Longueur 1.86 M., largeur 0.53 M. *Signé* Miyŏ-seki-ziyŏ 命
席上・1868.

53. Deux faisans sur une roche.
Dessin en couleurs sur soie.
Longueur 1.56 M., largeur 0.40 M. *Signé* Hou-rai-rŏ-zin 鳳
來老人・

54. Dieu monté sur un dragon montrant son soulier à la tempête.
Dessin en couleurs sur soie.
Longueur 1.32 M., largeur 0.37 M.
(Le rouleau de dessus manque.)

55. Deux kakimono's en couleurs sur soie, l'un avec des bombous peint en rouge; l'autre avec des plantes. Les deux tableaux sont fort antiques et signés Kin-sai 欽齋・
Longueur 1.58 M., largeur 0.36 M.

56. Riche Chinois, assis devant une table dans la salle de son palais. Au dessus du dessin quelques lignes de texte.
Dessin en couleurs sur soie.
Longueur 1.94 M., largeur 0.75 M. dessiné par Bai-tei 梅亭
1861.

57. Fonctionnaire Chinois d'un rang élevé avec un gardien armé.
Dessin en couleurs sur soie.
Longueur 1.88 M., largeur 0.68 M. *Signé* Tsiyŏ-bŏ 長方・

58. Fonctionnaire Chinois d'un rang élevé avec un gardien armé.
Dessin en couleurs sur soie.
Longueur 1.59 M., largeur 0.40 M. *Signé* Kin-an 芥菴 1858.

59. Faucon perché sur un arbre.
Dessin en couleurs sur soie.
Longueur 1.75 M., largeur 4.95 M. *Signé.*

60. Pot à fleurs avec de chrysanthèmes; à gauche une pendule, à droite un petit herbaire, dans le fond un boucle de ceinture.
Dessin en couleurs sur papier.
Longueur 1.65 M., largeur 0.45 M.

61. Paysage avec deux personnes qui regardent la lune.
Dessin en couleurs sur papier.
Longueur 1.78 M., largeur 0.49 M. *Signé* Take-hige 武須・

62. Une grue nageant sur la mer au coucher du soleil.

Dessin en couleurs sur papier.
Longueur 1.91 M., largeur 0.68 M. *Signé* Kiyō-soui 姜水·

63. Branche de chrysanthème; quelques lignes de texte·

Dessin en couleurs sur papier.
Longueur 9.6 M., largeur 0.58 M. *Signé* Gïyo-gen-sai 御元齋·

64. Faisan perché sur une branche·

Dessin en couleurs sur papier.
Longeur 1.49 M., largeur 0.36 M. *Signé.*

65. Portrait d'homme en costume riche·

Dessin en couleurs sur papier.
Longueur 1.46 M., largeur 0.36 M.

66. Portrait d'une femme en costume riche·

Dessin en couleurs sur papier.
Longueur 1.46 M., largeur 0.36 M.

67. Compagnie de cinq personnes en marche dans un chemin creusé dans les rocs·

Dessin en couleurs sur papier.
Longueur 1.94 M., largeur 0.67 M. *Signé* Tsin-nen 椿年 (19e siècle).

68. Portrait d'un homme·

Dessin en couleurs sur papier.
Longeur 1.50 M., largeur 0.53 M.

69. Portrait d'une femme·

Dessin en çouleurs sur papier.
Longueur 1.50 M., largeur 0.53 M.

70. Femme Chinoise jouant de la flûte, accompagnée par sa fille.

Dessin en couleurs sur papier.
Longueur 1.88 M., largeur 0.67 M. *Signé* Oun-sen Foudziwara no kei-sya 雲川藤原敬者·

71. Femme sur une vérandah en conversation avec un homme dans un jardin·

Dessin en couleurs sur papier.
Longueur 1.74 M., largeur 0.41 M. *Signé.*

c. Dessins sur papier.

76. Saint assis sur un roc.

77. Guerrier descendu du ciel devant un homme à genoux.

78. Prêtre en costume de gala.

79. Nain bossu assis sur un arbre, coupant les branches avec une hache.

80. Personnage d'un rang élevé.

81. Ascète assis sur un roc.

82. Homme sauvage tenant une casserole de la main droite. La fumée du contenu se change en dragon.

83. Saint debout dans une attitude pensive.

84. Esprit malin jouant le jeu de dame.

85. Dieu de bonheur assis contre un roc.
> Les dix dessins, d'une rare beauté étaient pliés sur un rouleau. Ils furent séparés, la colle ne tenant plus. Le dernier porte la signature. Longueur de 1.80 à 1.50 M.

86. Portefeuille contenant six dessins avec le texte explicatif à droite.
> 1 *dessin*. Seigneur monté sur un cheval mené par la bride.
>
> 2 » Village situé parmi les montagnes.
>
> 3 » Trois personnes au bord de la mer.
>
> 4 » Blanchisseur dans une pré au bord d'une rivière.
>
> 5 » Trois arbres au bord d'un lac.
>
> 6 » Paysage montagneux traversé par une rivière.
> Les six dessins ont été pliés sur un rouleau, qui portait la signature, qui est collé sur la portefeuille.

87. Portefeuille de 15 dessins en encre.
> 1 *dessin*. Dieu bienfaisant monté sur une grue.
>
> 2 » Dieu bienfaisant en costume de pélérin.
>
> 3 » Dieu bienfaisant avec petit enfant.
>
> 4 » Dieu bienfaisant écrivant.
>
> 5 » Dieu bienfaisant écrivant.
>
> 6 » Dieu bienfaisant revenu de la pêche avec deux carpes.
>
> 7 » Dieu bienfaisant montrant un manuscrit à un marchand.
>
> 8 » Dieu bienfaisant et marchand faisant du commerce.
>
> 9 » Dieu bienfaisant et marchand jouant.
>
> 10 » Dieu bienfaisant en costume de marchand, monté sur un buffle.
>
> 11 » Dieu bienfaisant avec un enfant endormi dans un bateau.
>
> 12 » Dieu bienfaisant jouant avec un enfant.
>
> 13 » Dieu bienfaisant monté sur un cerf, regardant une tortue.
>
> 14 » Deux sangliers.
>
> 15 » Sangliers blancs galoppant.

88. Portefeuille de douze dessins en encre des peintres Kano Tanyou et Kano Tsounénobou.
> 1 *dessin*. Dieu bienfaisant monté sur un cerf.
>
> 2 » Portrait d'un saint avec une corbeille.

3 *dessin*. Saint monté sur un chat avec deux enfants.

4 » Trois saints en conversation sur un pont.

5 » Saint avec deux oies.

6 » Dieu bienfaisant avec deux enfants.

7 » Animal mystique parcourant les nuages.

8 » Lion mystique.

9 » Petit garçon avec un buffle.

10 » Deux lapins dans une risière.

11 » Groupe de cinq enfants en train de jouer.

12 » Femme Chinoise près d'un arbre.

· 89. Série de huit dessins en couleurs.

1 *dessin*. Maison d'Aria Sama à Jedo.

2 » Maison de Nijto Sama Dimio à Jedo.

3 » Maison de Sakata Sama à Jedo.

4 » Maison d'Owadie Sama Dimio à Jedo.

5 » Maison de Matsie Sama à Jedo.

6 » Maison de Mito Sama à Jedo.

7 » Maison d'Oeje Soekjie Sama à Jedo.

8 » Maison d'Ahieno Misa jiema Sama à Jedo.

d. Dessins en couleurs sur soie.

90. Série de douze dessins, les douzes fêtes annuelles.

1 *dessin*. 1^{ier} *mois*. Les rites du jour de l'an. Un norimon avec un grand Daimio se rend au palais; un cheval monté par un haut fonctionnaire du Taikong. Les portes du palais du Taikong.

2 *dessin*. 2ième *mois*. Les courses. Jeunes chevaux montés pour la première fois en honneur du Dieu du Tonerre. Dans le fond un temple avec un autel.

3 *dessin*. 3ième *mois*. L'impératrice se rend avec les cent six femmes du Micado au temple du Dieu, chef des Kamis.

4 *dessin*. 4ième *mois*. Naissance de Chaca. On dit, qu'en naissant il fit descendre du ciel une eau merveilleux. C'est en mémoire de ce prodige qu'on met la statue de Chaka dans une vase remplie d'eau dont on s'asperge.

5 *dessin*. 5ième *mois*. Les dames Daimioses sont en fête et vont visiter leurs fleurs. On met devant toutes les maisons un bouquet de l'herbe *xobo* = bonne et mauvaise fortune, le préservatif pour toute l'année contre les morsures dangereuses.

6 *dessin*. 6ième *mois*. *Sogomi* = se refraichir. On se réjouit de l'arrivée de ce mois à Jedo avec des feux d'artifice.

7 *dessin*. 7ième *mois* du 13—20. Danse générale pour les jeunes et les vieux en mémoire de Hokoren, disciple de Chaca, qui délivrait son père de l'enfer. La lanterne blanche, suspendue au toit de la maison, doit également retirer les ancêtres de l'enfer.

8 *dessin*. 8ième *mois*. Réjouissances en l'honneur des moissons.

9 » 9ième *mois*. Xeko, on va voir le kiko.

10 *dessin*. 10ième *mois*. On rend des visites au Micado.

11   »   11ième *mois*. Le premier jour de neige.

12   »   12ième *mois*. Le dernier sacrifice de l'année.

91. Série de douze dessins.

1 *dessin*. Quelques personnes dinant dans une chambre.

2   »   Entrée d'un temple.

3   »   La foule sur un marché.

4   »   Intérieur d'une maison.

5   »   Intérieur d'un temple.

6   »   Quelques personnes rendant hommage à un grand seigneur dans son palais.

7 *dessin*. Intérieur d'une maison.

8   »   Une chambre avec quelques personnes.

9   »   Une famille en train de souper.

10   »   Une cimetière.

11   »   Scène de rue.

12   »   Quelques personnes dansant devant un temple.

92. Femme assise sur un banc.

93. Femme se promenant dans un jardin.

94. Femme avec un baquet.

95. Femme avec enfant sous un arbre.

96. Femme agenoullé sur une vérandah.

97. Femme se promenant parmi des lis bleus.

98. Femme avec un enfant.

99. Femme en costume riche.

100. Femme mangeant assise sur un banc.

101. Femme en costume riche avec un petit chien.

102. Deux femmes avec enfants; un homme presque nu, porte un sceau en bois orné de petits drapeaux.

103. Groupe d'enfants se moquant d'un homme qui a attrapé un d'eux.

104. Mendiants aveugles.

105. Famille de paysans; la femme attache un papier à un arbuste.

106. Deux paysans et trois seigneurs vêtes de bonnets rouges.

107. Femme accompagnée de deux serviteurs.

108. Femme avec un serviteur, qui porte un bouquet; un marchand de petits gateaux et un vieillard.

109. Cinq hommes vêtus de blanc; le dernier porte un parapluie double, tandis que deux autres 's amusent avec des castagnettes.

110. Groupe de quatre jongleurs.

111. Leçon d'escrime, deux hommes armés avec leur maître.

112. Deux musiciennes, suivies d'un homme.

113. Trois enfants jouant.

114. Trois gamins taquinant un chien.

115. Musicien avec quatre tambours suspendus a une barre. Deux enfants les regardent.

116. Deux enfants luttant sous les yeux de leur maitre.

117. Deux enfants effrayés par deux hommes munis de masques monstrueux.

118. Deux musiciens aveugles et un marchand suivi de son serviteur.

119. Petit enfant avec deux hommes. L'un porte des gâteaux l'autre un masque en faisant des gimaces.

120. Homme et femme auprès d'un puits, au dessus duquel un enfant se penche.

121. Groupe de trois hommes aveugles, le dernier porte deux lanternes.

122. Deux enfants se moquant d'un homme gras.

123. Groupe de trois personnes dont l'un est un porteur.

124. Trois hommes offrant un poisson à un quatrième assis.

125. Trois charpentiers.

126. Deux paysans avec un enfant.

127. Trois porteurs de bagage.

128. Trois musiciens ambulants.

129. Deux hommes de qualité visitant une femme avec son enfant.

130. Deux porteurs et un aveugle qui fait des bulles de savon admirés par un enfant.

131. Deux aveugles et trois enfants.

132. Deux pêcheurs avec une femme.

133. Deux hommes dinant, servis par une femme.

134. Deux porteurs et une femme.

135. Groupe de quatre personnes s'amusant le soir.

136. Homme et femme dans un bateau, admirant un phénomène.

e. Dessins en couleurs sur coton.

137. Gentilhomme en costume de gala.

138. Bonze en costume de cérémonie.

139. Femme avec une lanterne.

140. Femme avec un mouchoir.

141. Femme avec son enfant sur le dos.

f. Dessins sur soie.

142. Un général assis sur un rocher jouant de la flûte.

143. Quelques personnes dans une chambre eclairée par le feu d'un fourneau.

145. Une sépulture avec son cortège.

146. Trois personages dans un petit temple.

147. Un marche.

148. Entrée d'un palais.

149. Un temple avec des bonzes priant; une maison et un groupe de personnes, se rendant au temple.

150. Suite de trois chambres dans lesquelles une personne vêtue de rouge reçoit des visiteurs.

151. Vue à vol d'oiseau de Hakodadi.

152. Paysage montagneux. *Signé.*

153. Vue à vol d'oiseau de Decima.

154. Dessin pour kakimono; deux oiseaux et quelques arbuste. *Signé.*

155. Paysage. *Signé.*

156. Chinois avec deux femmes.

157. Deux grues.

158. Scènes de la vie quotidienne.

159. Scènes de la vie quotidienne.

160. Un coq avec une poule.

161. Deux faisans parmi des fleurs.

162. Deux faisans entourés de plantes.

163. Deux paons.

g. Dessin sur papier.

164. Une grue attaquée par un faucon.

DEUXIÈME PARTIE

Catalogue d'une Collection de Livres Japonais et Chinois Anciens et Modernes.

Encyclopédies. Bibliographie.

165. 玉 海 *Youh hai*, »La mer de jade" par 王 應 麟 *Wang-Ying-lin.*
Imprimé en A. D. 1206; 204 kiuen en 106 vol. gr. 8°. Wylie, Notes
on Chinese Literature, p. 148; Schlegel, Catalogue des Livres Chinois
qui se trouvent dans la bibliothèque de l'université de Leide, N°. 36.
Édition très rare.

166. 倭 漢 三 才 圖 會 · *Wa-kan san-sai dzu-e.* Encyclopédie illustrée
des trois principes (le ciel, la terre et l'homme) du Japon et de la Chine.
Grande et célèbre encyclopédie, décrite par Abel Rémusat dans Notices
et extraits des Manuscrits, etc. tome XI. Publié en 1713. gr. in-8°.
124 tomes en 81 volumes, *dans une caisse en bois.*

167. Encyclopédie Japonaise. 1769.

168. 名 物 六 帖 · *Mei-butsu roku-dev.* Les six listes de choses intéressan-
tes. C. à. d. 1. Le ciel et la terre. 2. Les relations humaines. 3. Les im-
meubles et les meubles. 4. Les actions et les situations humaines. 5. Le
corps humain. 6. Le règne animal et végétal. Encyclopédie. Par *Okata
Si-tei* et *Itau Tsiyau-in.* 1711—1716. En 23 volumes. *Quelques volumes
avec piqûres.*

169. 頭 書 增 補 訓 蒙 圖 彙 · *Kasira gaki zou-vo kun-mou dzu-i.*
Encyclopédie japonaise ayant le texte en tête des figures; par *Nakamura
Yau-sai.* Kiyóto, 1789. 21 tom. en 4 vol.

170. 出 版 書 目 月 報 · *Siyutsu-han siyo-moku getsu-hau.* Compte-
rendu mensuel des livres publiés au Japon 1878—1879. 21 livrais. en
un volume. *Demi-toile.*

171. 博 物 館 書 目 · *Haku-butsu-kuwan siyo-moku.* Catalogue des livres
appartenant au Musée National de Tòkiyo. 1878. 3 vol.

172. 明 治 文 雅 姓 名 錄 · *Mei-dzi bun-a sei-mei roku.* Liste des noms
et surnoms des auteurs de la période *Mei-dzi.* 1879.

Belles-lettres. — Romans. — Récits moraux. — Poésies.

173. Anthologie chinoise. Édition japonaise. Publiée à Kiyóto et à Yédo 1672.
Comprenant les huit volumes suivants:

古今畵譜. *Ko-kon guwa-fu*. Collection de dessins anciens et modernes accompagnés de poésies; par le Chinois *Riku Ziyo*. 1621.

草本花詩. *Sau-hon kuwa-si*. Dessins de fleurs et de plantes avec apostilles poétiques, par le Chinois *Tai-siyau-san-zin*. 1621.

木本花鳥. *Moku-hon kuwa-teu*. Dessins de fleurs, d'arbres et d'oiseaux avec apostilles poétiques; par le Chinois *Sin-tau-san-zin*. 1621.

唐詩五言. *Tau-si go-gon*. Stances chinoises de cinq mots; par le Chinois *Sen-tau-wau-teki-kitsi*. 1621. Illustré.

唐詩六言. *Tau-si roku-gon*. Stances chinoises de six mots; par le Chinois *Sin-tau san-zin*. 1621. Illustré

唐詩七言. *Tau-si sitsi-gon*. Stances chinoises de sept mots; par le Chinois *Sen-tau rin-si-sei*. 1621. Illustré.

梅竹蘭菊. *Bai-tsiku-ran-kiku*. Dessins de pruniers, de bambous, d'orchidées et de chrysanthèmes avec apostilles poétiques: par le Chinois *Un-kan-tsin-kei-ziyu*. 1588.

名公扇譜. *Mei-kou sen-pu*. Dessins pour les éventails des seigneurs; par le Chinois *Un-kan-tsin-kei-ziyu*. 1588.

174. 赤穗義士傳一夕話. *Akaiho gi-shi den is-sekï uva*. Conte des dixsept Samurai loyaux et fidèles. 10 vol. 1392.

175 孝義錄. *Kau-gi roku*. Régistre des actes vertueux. Exemples moraux des provinces du Japon. 50 vol.

176. 名家手簡. *Mei-ka siyu-kan* Lettres des meilleurs auteurs japonais. Par *Kau-setsu*. Yédo 1847. 20 vol. gr. in-8°.

177. 繡像第一才子書 *Sieou siang ti-yih tsai-tsze chou*. Le Livre du premier auteur de génie illustré, édité par M. *Mao Ching chan* 毛 聲山先生 selon le livre original par M. *Soui Ching than* 瑞 聖歎. 1644. 2 gros vol. gr. in 8°.
Le titre désigne tout simplement le célèbre Roman *San-Kwoh tchi* ou Histoire des trois royaumes. — La dernière feuille est incompl. cfr. Wylie, Notes, pag. 161.

178. 易經 *Yih king* ou livre des Métamorphoses. Canton s. d. 2 vol.
Cfr. Wylie, Notes on Chinese literature, pag. 1. Quelques piqûres.

179. 文章軌範評林. *Bun-siyau ki-hau hiyau-rin*. Anthologie chinoise; par *Siya-tev-san* et *Su-siyu-yeki*. Édition japon. publ. p. *Utsida*. Tōkiyo 1879. 2 tom. en 1 vol. d. veau.

180. 曹大家女論語圖會. *Sau-tai ka-onna Ron-go dzu-ye*. La partie qui traite des femmes dans les Analectes de Confucius. Tōkiyo 1835. gr. in-8°.

181. 女四書藝文圖會 · *Onna si-siyo gei-bun dzu-ye.* Les quatre discours de Confucius arrangés et illustrés à l'usage des femmes; par *Kiyowara Nobuaki.* Tòkiyo 1835. gr. in-8°.

182. 日本列女傳 · *Ni-hon retsu-dziyo den.* Biographies de femmes chastes du Japon. Par *Kosima Gen-ziyu.* Simòtsuke 1878. 3 vol. illustr.

183. 明治孝節錄 · *Mei-dzi kau-setsu roku.* Exemples récents de piété filiale. Par *Kondau Hauziu.* Tòkiyo 1877. 4 vol. illustr.

184. 櫻姬全傳曙草紙 · *Sakura-hime zen-den akebono zau-si.* Roman japonais illustré. Par *Sei-sai.* 1805. 2 vol.

185. 歌仙繪抄 · *Ka-sen ye-siyo.* Portraits et poèmes de poètes défunts. Par *Fuzivara Saisin* ou *Mototomi.* Planches en couleurs. Pet. in-folio. Quelques piqûres.

186. 亡友帖 · *Bau-yu-tsiyo.* «Lettres d'amis défunts». Lettres d'hommes illustres des temps modernes. Par *Hikida Masayosi.* Tòkiyo 1878. Folio.

187. 埋木廻花 · *Umoregi no hana.* «Fleurs de l'arbre fossile». Recueil de poésie japonaise, fait pendant le voyage de S. M. l'Empereur du Japon. Par *Takasaki Sei-fuu.* Tòkiyo 1876. 2 vol. gr. in-8°.

188. 棧雲峽雨日記 · *San-un kev-u nikki.* «Journal de nuages en masses et de pluie en torrents.» Recueil de poésies modernes. Par *Ii-kiyo si Tsiku-ten* de *Kumamoto.* Tòkiyo 1879. 3 vol.

189. 同風歌集 · *Dou-fuu ka-siv.* Recueil de poésies modernes; par *Kondau Hau-ziyu.* Tòkiyo 1878. 6 vol.

190. 賴山陽墨寶帖 · *Rai-san-yau boku-hau-deu.* Collection d'écrits précieux annotés par le professeur *Rai-san-yau.* Tòkiyo 1879. 2 vol.

191. 公會演說法 · *Kou-kuwai yen setsu-hau.* Traité sur l'art de bien parler dans les assemblées publiques. Par *Ozaki Yuki-o.* 1881. 2 vol.

193. 先賢遺範 · *Sen-ken i-han.* Modèles laissés par les sages défunts. Osaka. 1882.

194. 鳩翁道話 · *Kiu ò dau-wa.* Paroles morales du vieillard Kiou. 9 vol.

195. 前賢故實 · *Zen-ken ko-dzitsŭ.* Faits sur les anciens sages. 20 volumes, et 1 vol. compl. 1836.

196. 修身訓 · *Siyŭ-shin kun.* Leçons pour la cultivation de sa personne. 5 Cahiers. 1882.

197. 小學修身訓 · *Siyau-gakŭ Siyŭ-shin kun.* Leçons pour la cultivation de sa personne pour la jeunesse. 2 Cahiers. 1880.

198. 唱歌譜 · *Çhau-ka fu.* Livre de chansons.

199. 繪本武藏鐙. *Ye hon Masasi abumi.* Héros et Héroines du Japon, illustré. 1836. Par le peintre *Hokusai.*

200. 金剛般若經. *Kon-gau Han-niya kei.* Le *Vadjrapâṇi Dhâraṇi* Prières magiques de Vadjrapêṇi. *En étui.*

201. 詩聯合選 *Chi lien hoh siouen* Collection de couplets antithétiques et poèmes de circonstance. s. l. n. d.

202. 五體頭書千字文 *Go-dai Kasira Sen-zi-mon.* Le »Livre des mille mots" en cinq formes d'écriture.

203. 妙法蓮華經 Le Lotus de la bonne foi.
Voyez Wylie. Notes on Chinese literature, p. 164.

204. **Tera no dan,** et **Sin-tsi tsiya no dan.** 2 tom. en 1 vol.
Livre de chansons. Lithogr.

205. **Tsure-Tsure Kusa.** Recueil d'histoires morales. (Yédo 1789.) 2 tom. en 1 vol. av. fig. gr. in-8°. *toile.*

206. **Katobana Satsikasa.** Ouvrage sur l'art poëtique japon. 3 vol.

207. 古今和歌集鄙 *Ko-kon Wa-ka Sir-hi,* Collection de chansons anciennes et modernes du Japon. 2 gros vol. gr. in-8°.
Le premier vol. légèrement piqué de vers.

Lexiques et Grammaires.

208. 語彙. *Go-i.* Dictionnaire de la langue japonaise. Publié par le Gouvernement. Tokiyo 1871. 7 vol. gr. in-8°. La lettre *a* seulement a été publiée.

209. 語彙 *Go-i.* Dictionnaire Japonais. Ed. officielle. 1871. 5 vol.

210. 語彙別記 *Go-i betsŭ-ki.* Notices diverses sur les locutions. 1871. **Bis.**

211. 語彙活語指掌 *Go-i kwatsŭ-go shi shau.* Manuel de locutions populaires. 1871.

212. 世話千字文. *Se-wa sen-zi-mon.* Le pons asinorum du «livre des mille mots». Osaka 1864. Illustré.

213. 譯和蘭文語. *Yaku Holan bun-go.* Trad. japon. de la grammaire holland. par Ravekes? Amst. 1822. Traduit par *Ohoniwa Seseai* de *Sugu.* 1822. Vol. I.

214. 植物名稱一斑. *Siyoku-butsu mei-siyou itsu-han.* Aperçu des termes techniques en usage d. la botanique avec les synonymes latins en caractères romains. Par *Matsubara Sinnosuke.* Tokiyo 1878. Illustré.

215. 李少荃法書. *Ri-seu-sen hau-siyo.* Modèles de calligraphie. Tokiyo 1878.

216. 語學獨案內. *Go gaku vitori an nai.* Guide pour apprendre seul la grammaire. Leçons d'anglais pour le Japonais, p. M. Brinkley, capitaine d'artillerie de l'armée Anglaise. 1875. 3 vol. in 4°.

Ce livre renferme quantité de dialogues japonais-anglais. Vrais car. chin. et *hiragana*; suivi d'un index sur les mots anglais.

217. 商用會話 *Chang young hoeï hwa* Shopping dialogues. Engl.-japon. text by Eugène M. van Reed. Kanagawa 1861.

218. 通用雜話 *Tsuu you zatsu wa.* Diverses expressions en usage. Réimpression japonaise du premier volume du vocabulaire anglais-chinois de Thom. 1860. gr. in-8°.

219. 蘭學逕 *Lân hioh king.* Manuel de la langue Hollandaise à l'usage des Japonais. Texte mixte. gr. in-8°.

Edition fort rare.

220. 伊吉利文典 *Yih-kieh-li wen tien.* The elementary Catechism. — English Grammar. London *Groombridge and Sons.* 1853. gr. in-8°. *Imprimé sur papier japonais.*

221. 三語便覽 *Sam-go ben-ran.* Dictionnaire trilingue: Japonais, Français, Anglais et Hollandais. 3 vol. Sans date ou lieu d'impression.

222. 正文章軌範評林 *Sei bun-shau ki-han hiyau rin.* Modèles de style, avec le Supplément. Nouv. édit. 1868. 6 vol.

223. Nieuw verzameld Japans en Hollandsch Woordenboek (nouveaux dict. Japonais-Hollandais). 5 vol.

224. 文藝類纂 *Bun-gei rui-san.* Epitomé de littérature. 8 vol. 1878.

225. 荷蘭文典讀法 *Holan bun-ten tokŭ-hau.* Grammaire de la langue hollandaise. *Tôkiô, Osaka* et *Yedo.* 1870. 2 vol.

226. 荷蘭字彙 *Holan dzi-i.* Dict. Hollandais-Japonais. Nouv. édit. 1855. 13 vol.

227. 日本文典 *Nihon bun-ten.* Grammaire japonaise par 中根淑. 1876. 2 vol.

228. 增補標註詞八衢 *Zou-fo hiyau tsiu Shi hatsŭ ku.* Les huit routes de la parole commentées et augmentées. 1880. 2 vol.

229. 改正增補蠻語箋 *Kai-sei zou-fo Man-go sen.* Feuilles sur la langue des barbares corrigées et augmentées. (Petit Dict. encyclopédique hollandais). 1847. 2 vol.

230. 和蘭文典字類 *Holan bun-ten dzi-rui.* Grammaire et vocabulaire hollandais. 1e Partie. 1856.

231. 斯文一斑 *Shi-mon itsŭ ban.* Chrestomatie (Manque le 1r vol.).

232. 近思錄 *Kin-sze luh.* Chrestomatie d'auteurs chinois. 1252. (Chinois). 4 vol.

233. 綠蔭庭詩鈔 *Riokŭ-in-tei shi-shau.* Chrestomatie poétique. 2 vol.

234. 標註古文眞寶 *Hiyau-tsiu ko-bun shin-hau.* Commentaires sur le style antique. 2 vol.

Livres d'éducation.

235. 比賣鑑 *Hime kagami.* Traité de l'éducation des jeunes filles; par *Kogasan Zin.* Yedo 1756. 12 vol. illustr.

236. 教育新誌 *Kiyau-iku shin shi.* Nouveau Journal de l'éducation. Paraît deux fois par mois

237. 東洋學藝雜記 *Tou-yau gakŭ-gei zau-gi.* Journal d'éducation.

238. 東京教育學會雜記 *Tou-kei kiyau-iku gakŭ-ye zau-gi.* Journal de la Société d'éducation et d'instruction de Tōkiō.

239. 日本教育史略 *Ni-hon kiyau-iku-si-riyaku.* Histoire de l'éducation au Japon. Tōkiyo 1877.

240. 小學教育論 *Siyau-gaku keu-iku ron.* Discours sur l'enseignement dans les écoles primaires. Tōkiyo 1877.

241. 彼日氏教授論 *Pa-zit-si keu-ziyu ron.* Le discours sur l'enseignement de M. Page. Tōkiyo 1876.

242. 小學習字本 *Siyau-gaku siu-zi hon.* Modèles d'écriture à l'usage des écoles primaires. Par *Oka Siu-setzu.* Tōkiyo 1877. 7 tom. en 8 vol.

243. 地理描圖法 *Tsi-ri beu-dzu hau.* Méthode (trigonométrique) à dessiner des cartes géographiques. Tōkiyo 1876.

244. 小學普通畫學本 *Siyo-gaku fu-tsuu kuwa-gaku hon.* Les éléments de l'enseignement du dessin, en vogue dans les écoles primaires. Tōkiyo 1878. 10 vol.

245. 小學農課書 *Siyo-gaku nou kuwa-siyo.* Cours d'agriculture à l'usage des écoles primaires. Par *Osaki Yuki.* 1879. 2 vol.

246. 同人社文學雜誌 *Dou nin siya bun-gakŭ zau-shi.* Traité d'un Missionnaire européen.

法學部
247. 東京大學理學部圖書館和漢圖書目錄.
文學部
Catalogue des livres Japonais et Chinois de la bibliothèque de l'Université de Tōkiō. Tōkiō 1880.

248. 東京大學法、理、文.三學部一覽 Compendium des trois facultés de jurisprudence, sciences naturelles et littérature. Tōkei. 1882—1883. 2 vol.

249. 寶 氏 經 濟 學 *Hau shi kei-zai gakŭ* 博 士 宝 節 德 氏 夫 婦 之 肖 像 Economie domestique par M. *Fawcett*, avec le portrait de M. et Mad. Fawcett. 1878. 5 vol.

250. 小 學 女 禮 式 *Siyau gakŭ niyo-rei shoku*. Livre des bonnes manières pour jeunes demoiselles. Tōkiō 1882.

251. 小 學 教 育 新 篇 *Siyau gakŭ kiyau-iku shin hen*. Nouveaux chapitres sur l'éducation de la jeunesse. 1881. 3 vol.

252. 東 京 師 範 學 校。小 學 師 範 學 科 教 則 大 旨· Programme des études aux universités et collèges de Tōkiō. 18 Cahiers.

253. [婦 人 日 用] 女 用 文 章 初 音 錦· Exercices littéraires pour l'usage journalier des dames. Illustré. Tōkiō 1860.

254. Les 4 Classiques de la Chine. Le *Tahio* et le *Tchoung-young*.

255. 小 學 *Siyau gakŭ*. «Ecole de la Jeunesse». Osaka. 4 vol.

256. 忠 經 *Tsiyu kei*. Le livre de la fidélité, annoté. Tōkiō, sans date.

257. 改 正 音 訓 古 文 孝 經· Le Livre de la Piété filiale, annoté. Tōkiō, sans date.

258. 酢 世 錦 囊 善 本。正 家 禮 大 成 *Tchou chi kin nang chen pun. Tching-kia li ta-tch'ing*. Manuel des cérémonies et coutumes qu'on observe au sein de la famille. Emoui 1729. 2 vol. pet. in-8°.

259. 萬 寶 大 雜 書 三 世 相 *Man bau tai zatsu siyo san zé sau*. Grand recueil des dix milles trésors. Représentations du troisième âge. Petite encyclopédie à l'usage des enfants. 1859. car. chin. curs. et *hiragana*. figures noires.

260. —— Même ouvrage que le précédent. Représentations du second âge.

261. 頭 書 增 補 訓 蒙 圖 彙 大 成 *Kasira gaki zou-bô gun-mó dzu-i tai-sei*. Encyclopédie japonaise pour la jeunesse. Vol. II, VII, X.

Histoire. — Géographie. — Cartes et plans.

262. Collection des 24 Historiens Chinois se composant de 3241 kiuen en 538 volumes.

263. 資 冶 通 鑑 ***Tsze-tchi t'oung-kien,*** »Histoire générale de la Chine" (4e siècle avant notre ère, jusqu'à la fin des cinq dynasties A. D. 960) par 司 馬 光 *Sze-ma Kwang*. Imprimerie 北 湖 崇 文 *Peh-hou Ts'oung-wen*, 12e année de *Toung-tchi* (A. D. 1873); 294 kiuen en 100 vol. gr. 8°. Wylie, Notes on Chinese Literature, p. 20.

264. 資 冶 通 鑑 目 錄 *Tsze-tchi Toung-kien Mouh-louh,* »Index sur l'Histoire générale de la Chine" par le même auteur. Presses de 江 蘇 *Kiang-sou*; 30 kiuen en 6 vol. gr. 8°. Wylie, Notes on Chinese Literature, p. 20.

265. 資治通鑑釋文辯誤 *Tsze-tchi T'oung-kien chih-wen pien-wou*. »Exégèse et Discussion des erreurs de l'Histoire générale de la Chine" par 胡三省 *Hou San-sing* de l'époque des *Yuen*, 4 vol. gr. 8°. Wylie, Notes on Chinese Literature, p. 20.

266. 續漢書八志 *Souh Han-chou pah-tchi*, »Supplément aux Huit Tchi des livres de la dynastie des *Han*" par 梁劉昭 *Liang Lieou-tchaou*; 30 kiuen en 2 vol. gr. 8°. Pas noté dans Wylie.

267. 日本書記 *Ni-hon siyo-ki*, ou *Yamato bumi*. Annales du Japon de l'an 661 av. J. C. jusqu'à l'an 696. Nouv. éd. de 1669. 30 tom. en 14 vol.
Ouvrage classique.

268. 史畧 *Si-riyaku*. Abrégé de l'histoire (du Japon et de la Chine). Tôkiyo 1874. 2 vol. illustr.

268a. 日本略史 *Ni-hon riyaku-si*, Abrégé de l'histoire du Japon. Par *Sasaki Tsunatsika*. Tôkiyo 1877. av. cartes. *d. veau*.

269. 四裔編年表 *Si-yei hen nen-hiyau*. Tableau synchroniste de l'histoire générale et de celle du Japon. Par *Nakamura Masanao*. Tôkiyo 1879. *d. veau*.

270. 明治史要 *Mei-dzi si-yeu*. Histoire contemporaine du Japon (depuis l'an 1868). Tôkiyo 1876—1879. 2 vol. et suppl. *d. veau*.

271. 文藝類纂 *Bun-gei rui-san*. Histoire de l'introduction et du développement de l'écriture et des belles-lettres au Japon. Tôkiyo 1878. 8 vol. illustr.

272. 纂輯御系圖 *San-siv go-kei-dzu*. Généalogie de la famille Impériale du Japon. Tôkiyo 1877. 2 vol.

273. 東照宮御消息 *Tou-seu-giu go-seu-siyoku*. Recueil de lettres de *Tokugawa Iyeyasu*. Tôkiyo 1879.

274. 資行傳 *Si-kau-den*. Biographies d'hommes célèbres du Japon. Par *Isikava Yosikata*. Tôkiyo 1879. 5 vol.

275. 日本地誌提要 *Ni-hon tsi-si tei-yeu*. Traité complet de la géographie du Japon. Tôkiyo 1874—1877. 7 vol.

276. 都名所圖會 *Miyako mei-siyo dzu-ye*. Description des endroits mémorables de la ville de Miyako et des environs. Par *Akizato Ritou*, avec de nombreuses illustrations par *Takebara Siyun-teu-sai*. Kiyôto 1780. 6 tom. et 5 vol.
Livre très-estimé pour l'histoire de Kiyôto.

277. 花洛名勝圖會 *Kuwa-raku mei-siyou dzu-e*. Description illustrée des lieux célèbres des trois capitales (Miyako, Yedo, Ohosaka). Le présent numéro contient seulement la description de la ville de Miyakô et de ses environs sous le titre de *Higasi-yama mei-siyou dzu-e*. Tôkiyo 1861—1864. 4 tom. en 8 vol. av. pl.

278. 啓蒙朝鮮史畧 *Kei-mou Tsiyau-sen si-riyaku.* Aperçu élémentaire de l'histoire de la Corée. Par *Sugahara Riu-kitsi.* Tòkiyo 1875. 7 vol.

279. 特命全權大使。米歐回覽實記 *Toku-mei-zen ken-tai-si Bei-ou kuwai-ran zitsu-ki.* L'Ambassade japonaise. Narration autenthique de la tournée en Amérique et en Europe (1871—73). Tòkiyo 1878. 5 vol. *d. veau.*

280. 旅行用心集 *Riyo-kau you-sin siv.* Les précautions à observer en voyage. Par *Yasumi Ro-an.* Tòkiyo 1810. Illustr.

281. 萬國地誌略 *Man-koku te-shi riaku.* Géographie universelle. 3 vol. 1880.

282. 大江戸圖說集覽 Planches et descriptions de Yédo. 1 vol.

283. 南方海島志 *Nan-hau kai-tou shi.* Descriptions des isles de la mer du Sud. vol. I.

284. 皇朝史略 *Kwau-tchau shi-riaku.* Annales de la cour impériale. 1831. 5 vol. avec un Supplément de 3 vol.

285. 十八史略 *Dziuhatchi shi-riaku.* Les 18 Annalistes. Nouv. édit. 1868. 7 volumes, avec Supplément 12 vol.

286. 日本地誌要畧 *Nihon Tsi-shi yau-riaku.* Géographie succincte du Japon. 2 vol.

287. 輿地誌畧 *Yo-tsi shi-riaku.* Géographie du globe entier. 1879. 13 vol.

288. 日本地誌略 *Nihon tsi-shi riaku.* Précis de la Géographie du Japon. 1876. 5 vol. **Bis.**

289. 日本畧史 *Nihon riaku-shi.* Précis de l'Histoire du Japon. 1876. 2 vol. **Bis.**

290. 續續皇朝史畧 *Zoku-zoku kwau tchao shi-riaku.* Annales successives de la cour impériale. 2e Edit. 1881. 7 vol.

291. 萬國史畧 *Man-koku shi-riaku.* Histoire universelle de tous les peuples. Nouv. édit. 1879. 11 vol.

292. 地球暗射圖符号解 *Tsi-kiyu an-siya tou-fu-gau kai.* Précis de nomenclature géographique. 1876. vol. I.

293. 橫湄開港見聞誌 Vues du port de Yokohama. 3 vol.

294. 地文學初步 *Tsi-bun-gaku sho-bo.* Premier pas de Géognosie. Traduit de l'Anglais. 1882. 4 vol.

295. 淀川両岸一覽 Vues des deux bords du *Tcisen.* Sans date ni lieu d'impression. 2 vol.

296. Vues de Yedo. Gravures.

297. 大日本九州九ケ國之圖 *Dai Nippon kiyu-shiu kiyu ke koku no dzu.* Carte du Japon, sur grande feuille.

298. 大坂町繪圖 Plan de la ville d'Osaka, grande feuille pliée.

299. 御江戶大繪圖 Plan de la ville impériale de Yédo. Grande feuille pliée.

300. 日本暗射地圖符合解 *Nihon an-siya tsi-dzu fu hau kai.* Précis de nomenclature géographique du Japon. 1878. vol. I.

301. 朝鮮懲毖錄 *Tchao-sen Tchou-hi roku.* Journal de reproches et d'avertissement coréen. Miyako 1696. 4 vol. Contient la relation de la guerre entre le Japon et la Corée de 1592 à 1598.

302. 御開港横濱大繪圖 Plan du port de *Yokohama.* 1860. **Bis.**

303. 國郡全圖 *Koku-gun zen-dzu.* Atlas général du Japon. 1818. 2 vol.

304. 三國通覽圖說 *Sam-koku tsu-ran dzu-setsu.* Vues et description générale des trois royaumes (un chapitre spécial est consacré aux Aïnos). 1785.

305. 書經監本 *Chou-king kien pun.* Le Chou-king ou classique historique. s. l. n. d. 3 vol.
Cfr. Wylie, Notes on Chinese literat. p. 2.

306. 江湖輯要 *Kiang-hou tsih-yaou* et 分韻撮要字彙 *Hun jün tsioueh yuou tsze-loui,* s. l. n. d. pet. in 8°. cart.
Livre imprimé en deux moitiés. La moitié supérieure de la page contient une encyclopédie de choses usuelles comme guides pour voyageurs et marchands, modèles de lettres etc. La moitié inférieure contient un dictionnaire de poche arrangé phonétiquement.
Le titre manque.

307. 新譯。和蘭國全圖 *Sin-yaku. Holan-Koku zèn-dzu.* Nouvelle Carte du royaume de Hollande (Pays-bas et Belgique). Une feuille imprimée en couleurs et pliée in-fol

308. 富士見十三州輿地之全圖 *Vusi mi ziyu-saa siu yo-dzi no zèn dzu.* Carte complète et color. des 13 districts que l'on voit du haut de la montagne *Vuzi;* par *Vuna kosi sin yu.* 1843. Une feuille pliée in-4°., longue de 150, large de 175 centim.

309. 日本外史 *Jih-pun wai-sze.* Histoire inofficielle du Japon en 22 kiouen (*complet.*) gr. in-8°.
Texte chinois.

310. 增訂大日本國郡輿地路程全圖 *Zou-tei Dai-Nippon Koku Kun-yo dzi-ro-tei zen-dzu.* Nouvelle carte et itinéraire géographique du Japon. Une feuille gr. in fol. color. et pliée gr. in-8°.

311. 都名所圖會 *Miako mei-siyo dzu-e.* Dessins et description des endroits célèbres à Miako et environs. Yedo, Miako, Nogoya 1780. 7 vol. av. beauc. de belles planches. gr. in-8°. *Le 5e vol. manque..*

312. 拾遺都名所圖會 *Ziu-i Miako mei-siyo dzu-e.* Supplément à l'ouvrage précédent. 5 vol. av. beaucoup de belles planches. gr. in-8°.

313. **攝津名所圖會** *Setsu mei-siyo dzu-e.* Dessins et description des endroits célèbres de la province de *Setsu.* 12 vol. richement illustrés. gr. in-8°. 1798.

314. **木曾路名所圖會** *Kiso-dzi mei-syo dzu-e.* Dessins et description des endroits célèbres sur le *Kiso-dzi* ou route à travers les montagnes de l'est (*Tô-sen-dô*) qui passe par les provinces Omi, Mino, Sinano, Kôdzuke et Musasi à Yédo. Description historique et géographique de cette route illustrée. 1805. Vol. I. II. av. pl. gr. in-8°.

315. **東海道名所圖會** *Tô-kai-dô mei-siyo dzu-e.* Dessins et Description des endroits célèbres situés sur la grande route de Miako à Yédo. Yédo 1797. 6 vol. gr. in-8°.

316. **大日木海陸全圖** *Ta Jih pun hai-louh tsiouen tou.* Carte complète du Japon. Une feuille, pliée in-8°.
Imprimé en couleurs, long. 95, largeur 73 centim.

317. **朝鮮征伐軍記** *Tchao-sien tching-fah kiun-ki.* Histoire des expéditions disciplinaires à la Corée, en 30 *kiouen.* 6 volumes (complet). Texte japonais. gr. in-8°.

318. **改正日本輿地路程全圖** *Kiai tching Jih pun yü-ti lou-tching tsiouen-tou.* Carte rectifiée et itinéraire de l'Empire Japonais, une feuille imprimée en couleurs longue de 98, large de 71 centimètres et pliée gr. in-8°.

319. **御開港橫濱大繪圖** *Go kaï kou Yoko-hama ovo é dzu.* Grande carte color. du port franc de la ville d'*Yokohama.* Une feuille longue de 875, large de 60 centimètres pliée in-8°.
Les navires des diverses nations y figurent avec leurs pavillons.

320. **大日本九州九ヶ國之圖** *Daï Nitsu-pon Kiu-siu kiu ka koku no yégaku.* Carte color. des neuf districts de l'ile Japonaise de *Kiusiu.* 1813. Une feuille longue de 57, large de 65 centim., pliée in-8°.

321. **御江戶大繪圖** *On Yédo ovo édzu.* Grand plan color. de l'illustre ville d'*Yédo.* 1861. Une feuille longue et large de 130 centimètres, pliée in-8°.

322. **輿地航海圖** *Yo tsi kau kaï dzu.* Mappemonde color. pour le navigateur. Titre Anglais: »A map of the world in japanese, by Ed. Schnell. Yokohama 1862" Les routes maritimes y sont tracées et les noms des lieux s'y trouvent transcrits en *katakana.* Une feuille longue de 150, large de 75 centimètres, pliée pet. in-fol.

323. **增修改正攝州大阪地圖** *Zou siyuu kaï séi Sétsu siu Ovo-saka tsi dzu.* Édition augmentée et corrigée de la carte de la ville d'*O'saka* dans la province de *Sétsu.* 1844. Carte color. en une feuille longue de 175, large de 150 centimètres, pliée gr. in-8°.

324. **Album** contenant 17 vues de Miako. 8°. obl.

325. **Album de paysages.** 2 vol. gr. in-8°.

326. **大日本分國輿地全圖** *Daï-Nihon bun-koku yo-dzi zen-dzu.* Grande carte géographique du Japon en 8 grandes feuilles imprimés en couleurs. Par *Miyawaki Tsuu-kaku.* Tôkiyo 1877.

327. **大日本海陸全圖** *Dai-Nihon kai-riku zen-dzu.* Carte complète de la terre et de la mer du Japon. 1876. *Avec piqûres.*

328. **郵便線路國郡全圖** *Iu-ben sen-ro koku-gun zen-dzu.* Atlas des provinces du Japon avec le tracé des routes postales et des lignes télégraphiques. Par *Ohota Kin-u-yemon.* Tôkiyo 1878. 4 vol.

329. **大日本早引細見繪圖** *Dai-Nihon hayabiki sai-ken ye-dzu.* Édition de poche de la carte du Japon. 1842. oblong.

330. **山城國全圖** *Yamasiro no kuni zen-dzu.* Carte de la province de Yamasiro. Kiyôto 1865.

331. **大成京細見繪圖** *Tai-sei Kiyo sai-ken ye-dzu.* Plan de la ville de Kiyôto. Par *Takebara Kôhei.* 1864.

332. **國寶大阪全圖** *Koku-hau Ohosaka zen-dzu.* Plan de la ville d'Ohosaka, l'entrepôt (et le marché au riz) du pays. 1843.

333. **Collection de 115 très grandes et petites cartes** topographiques et stratégiques, plans de villes, panorama's etc. coloriés et chacun plié dans une cartonnage.
   Collection précieuse et très intéressante.

334 6 Grandes cartes géographiques publ. en Japon, et diverses planches pour l'enseignement primaire, *montées sur toile avec bâtons.*

Economie politique. — Finances. — Numismatique.

335. **大日本貨幣史** *Dai-Nihon kuwa-hei si.* Histoire de la monnaie du Japon. Premier appendice de l'ouvrage publié en 1876—79 en 19 vol. Tôkiyo 1876. 12 vol. av. pl. col. et noires.

336. **大日本貨幣史參考** *Dai-Nihon kuwa-hei si. San-kau.* Histoire de la monnaie du Japon. Deuxième appendice de l'ouvrage précédent. Tôkiyo 1876—1879. 5 vol.

337. **銀行實驗論** *Gin-kau zitsu-ken ron.* Examen de la circulation de l'argent. Tôkiyo 1876.

338. **富國捷徑** *Fu-koku sev-kei.* Méthode pratique d'enrichir le pays. Série de traités d'économie politique; par *Fukusumi Masaye.* Tôkiyo 1879. 4 vol.

339. **通貨論** *Tsuu-kuwa ron.* Discours sur la monnaie. Par *Fukusawa Iu-kitsi.* Tôkiyo 1878.

340. **理財論** *Ri-sai ron.* Traité des finances de l'état. Tôkiyo 1878. 2 vol.

341. **裁培經濟論** *Sai-wai kei-sai ron.* Discours sur l'augmentation des richesses. Par *Sada Kai-seki.* Tôkiyo 1877. 2 vol.

342. **經濟要錄** *Kei-sai yeu-roku.* Traité d'économie politique et domestique. Par *Satau Sin-yen.* Tôkiyo 1876. 7 vol.

343. 經濟錄 *Kei-sai roku*. Traité d'économie politique, *manuscrit*. Volumes 3—10. gr. in-8°.

344. 家政要旨 *Ka-sei yeu-si*. Eléments d'économie domestique. Par *Nagamine Siu-ziyu*. Tôkiyo 1876. 3 vol.

345. 簿記學階梯 *Haku-ki yaku kai-tei*. Méthode graduée pour apprendre à tenir les livres. Par *Morisita Gan-nan* et *Morisima Siyu-tarau*. Tôkiyo 1878. 2 vol.

346. 銀行簿記精法 *Gin-kau haku-ki sei-hau*. Traité de la tenue des livres à l'usage des banquiers. Tôkiyo 1873. 5 vol.

347. 商業入門 *Siyau-gev niu-mon*. L'élève-commerçant. Petit traité par *Kahi-Oriye* et *Mihara Kuni-itsirau*. Tôkiyo 1879.

348. 金銀圖錄 *Kin-gin dzu-rokŭ*. Traité des monnaies en or et argent 1810. illustré. 7 vol.

349. 金譜 *Kin fu*. «Livre des monnaies en or» sans date ni endroit d'impression. 1 vol.

350. 古錢價附 *Ko-sen ka-fu*. Traité sur la valeur des anciennes monnaies. Yédo. 1470.

351. 和漢古今稀世泉譜 *Kwa-kan ko-kin ki sei sen bou*. Traité des monnaies rares anciennes et nouvelles du Japon et de la Chine. 1859. 3 vol

352. 金銀圖錄 *Kin-gin dzu-rokŭ*. Planches et descriptions des monnaies en or et argent. 1849. 2 vol. illustrés.

353. 珍貨孔方圖鑑 *Tchin-kwa kou-hau dzu-kan*. Miroir des monnaies, 1784.

354. 改正珍貨孔方圖鑑 Même ouvrage que le précédent, édition corrigée. 1785.

Gouvernement. — Jurisprudence. — Art militaire.

355. 官員分課錄 *Kuwan-yen bun kuwa-roku*. Liste des fonctionnaires civils et militaires pour l'an 1879. Trois feuilles.

356. 願居雛形集 *Negavi todoke hinagata siv*. Formulier des pétitions au Gouvernement. Tôkiyo 1879. 2 vol.

357. 訴訟大成 *So-siyou tai-sei*. Recueil d. plaintes et pétitions adressées au Gouvernement. Tôkiyo 1879. *d. v.*

358. 類聚法規 *Rui-siyu hau-ki*. Corpus juris du Japon; collection des lois et décrets du Gouvernement issus sous le nouveau régime, arrangés systématiquement en 20 classes. Publié par le Ministère de la Justice. Tôkiyo 1878—'79. Les deux premiers volumes contiennent le régistre des lois et décrets. Avec supplément. En tout 12 vol. *d. veau,*

359. 佛國治罪法講義 *Futsu-koku dzi-sai-hau kau-yi.* Explication du Code Pénal français. Tòkiyo 1876—1878. 3 vol. *d. veau.*

360. 勅諭統纂 *Tsiyoku-yu tou-san.* Édits impériaux, proclamés de 1868 à 1877. Tòkiyo 1878.

361. 官令沿革表 *Kuwan-rei yen-kaku heu.* Régistre chronol. et systémat. d. lois et des proclamations. Tòkiyo 1879. *d. veau.*

362. 諸規則銘書一覽表 *Siyo ki-soku mei-siyo itsi-ran heu.* Tableau des décrets publiés pendant les onze premières années de la période *Mei-dzi.*

363. 大審院民事判決錄 *Dai-sin-in min-zi han-ketsu-roku.* Recueil d'arrêts civils de la cour de cassation à Tòkiyo. 1876—1878. 6 vol. *veau.*
> Les arrêts rendus peudant l'an 1877 et les quatre premiers mois de l'an 1878 manquent à la série.

364. 大審院刑事判決錄 *Dai-sin-in kei-zi han-ketsu-roku.* Recueil d'arrêts criminels de la cour de cassation à Tòkiyo 1876—1878. 7 vol. *d. veau.*

365. 憲法志料 *Ken-pau si-riyau.* Matériaux pour servir à l'histoire de la législation. Tòkiyo 1877. 10 vol.

366. 勸農局農事月報 *Kuwan-nou-kiyoku nou-zi getsu-hau.* Bulletins mensuels du bureau d'agriculture du Ministère de l'Intérieur. Tòkiyo 1878—1879. 7 vol.

367. 本朝稅則 *Hon-teu sei-soku.* Les réglements de la douane au Japon. Par *Itsioka Masakazu.* Tòkiyo 1879.

368. 大日本驛程寶鑑 *Dai-Nihon yeki-tei hau-kan.* Le service des postes. Tòkiyo 1879. Une feuille.

369. 內務省衛生局雜誌 *Nai-mu-siyau yei-sei-kiyoku zav-si.* Rapports du bureau de l'hygiène. nos. 1—22. Tòkyo 1876—1879.

370. 東京警吏須知 *Tòkiyo kei-zi su-tsi.* Vademecum de l'agent de police à Tòkiyo Tòkiyo 1879.

371. 橫濱區各町戶數人員表 *Yokohama kukaku-tsiyau tu-siyu zin-yen hiyo.* Statistique des maisons et des habitants de Yokohama en 1879.

372. 陸軍諸條例 *Riku-gun siyo deu-rei.* Les réglements militaires. Tòkiyo 1877. 12°. *d. veau.*

373. 陸軍日典 *Riku-gun zitsu-ten.* Le réglement journalier de l'armée. Tòkiyo 1870. 2 vol.

374. 徵兵令早合點 *Tsiyou-hei-rei. Haya sau-ten.* La loi sur la conscription militaire. Tòkiyo 1878. 12°.

375. 土工程式 *Do-kou tei-siki.* Traité des fortifications. Tôkiyo 1870. 3 vol. et atlas.

376. 船乘獨案內 *Funa-nori hitori an-nai.* Guide pour le marin. Tôkiyo 1874. 2 vol.

377. 城制圖解 *Jau-sei dzu-kai.* Planches et description de la construction de fortifications. 1. vol.

378. Planches et Descriptions de canons. 1 vol.

379. Traité des campements. 1 vol.

380. 兵法雄鑑 *Hei-hau yu-kan.* Miroir de l'art militaire. 1 vol.

381. 主國合結記 Plans de forteresses. 5 vol. illustré.

382. 開化間答 *Kai-kwa mon-tau.* Catéchisme du Gouvernement et de l'administration. Tōkiō 1874, Parties I et II. 4 vol.

383. 大成武鑑 *Dai-sei Bu-kan.* Le miroir militaire parfait (les Daimio du Japon, leurs armes, titres etc.). 3 vol.

384. 天保武鑑 *Ten-pau Bu-kan.* Le Miroir militaire de l'époque *Ten-pau* (1830—1843) 3 vol.

385. 諸家馬印 *Cho-ka ba-in.* Armes de famille. 1 vol. 1655.

386. 御三家方御附 Biographies des trois familles impériales. 1 vol.

387. 法律雜誌 *Hau-ritsu zau-shi.* Mélanges juridiques N°. 1 à 10. 1 vo

388. 享保十一年之部 *Kyau-hau jū-ishǐ nen no bou.* Livre de l'onzième année de *Kyau-hau* (1726). Costumes officiels, les gravures collées dans le cahier.

389. 城郭圖解 *Jau-Kwakǔ dzu-kai.* Planches et descriptions des murs et enceintes de ville. 1 vol.

390. 旗幟圖 *Ki-shi dzu.* Dessins des drapeaux. 1637. 3 vol. illustrés.

Théologie.

391. 玅法蓮華經 *Men-hau-ren-ge-kiyau* (Commencement d'une prière bouddhique). Discours sur le Lotus (la religion bouddhique) sublime, publié par le prêtre chinois *Siu-nan-zan-siyaku-dau-sen*, et traduit du sanscrit en chinois par *Yeu-ziu-san-zau-hau-si.* 1702. 7 vol. Chaque volume est illustré d'un frontispice représentant des personnages bouddhiques.

> Livre d'église renfermé dans une boîte en bois noir lacqué. Cet ouvrage contient les bases fondamentales de la religion bouddhique et est considéré au Japon comme le livre classique par excellence au sujet de la religion.

392. 西說觀象經 *Sai-setsu-kuwan-sau kei.* Livre bouddhique. 1822. Nouv. éd. de 1879.

393. 菩多尼訶經. *Bo-ta-ni-ka kei.* Livre bouddhique. 1822. Nouv.
éd. de 1879.

394. 日本西教史. *Nihon sei-keu si.* Histoire de la religion chrétienne
au Japon. Tôkiyo 1878. Vol. I. av. pl. *d. veau.*

396. 日本開闢史談. *Nihon kai-biyaku si-dan.* La mythologie du
Japon. Par *Isiguro Hayao.* Tôkiyo 1878.

397. 古事玄義. *Ko-zi gen-gi.* l'Ère mythologique en Asie et en Europe.
Par *Tanaka Yosikado.* Tôkiyo 1879.

398. 秘傳祝由科 *Pi tchouen tchouh Yeou Kho.* Recueil d'Amulettes
et de formules magiques. s. l. n. d.
Lithographie.

399. 御定聖諭廣訓 *Yu ting Ching yu kouang hiun.* L'édit sacré
de l'Empereur *Khang hi.*
Wylie, Notes on Chinese literature, p. 71.

400. 佛說觀無量壽佛經 Livre didactique Bouddhiste.
Voyez Wylie, Notes on Chinese literature, p. 167.

401. 後世轉枝析 Livre didactique Bouddhiste. Texte mixte.

Sciences naturelles.

402. 本草綱目. *Hon-zau kau-moku.* Grande histoire naturelle et ma-
tière médicale chinoise; par le médecin chinois *Li-schi-tsching* 1596.
Édition japonaise inalterée. 52 tomes en 35 vol. et un atlas d'histoire
naturelle en 3 vol. gr. in-8°.
Ce livre classique a servi, tant en Chine qu'au Japon, de base à l'étude de l'histoire naturelle.

403. 物品識名. *Butsu-hin siki-mei.* Dictionnaire Japonais-chinois d'histoire naturelle. Par *Midzutani Hou-bun (Sugeroku)* d'Owari. 1809. 2 volumes et suppl. («glanage»), intitulé 物品識名拾遺 *Butsu-
hin siki-mei ziu-i,* également de 2 volumes. pet. in-8°.
Midzutani Sugeroku était le meilleur disciple de *Ono Ranzan.*

404. 大和本草. *Yamato hon-zau.* Histoire naturelle du Japon. Par *Kaibara Yeki-kan.* Kiyôto 1709. En 16 parties, un supplément et un atlas; en tout 25 vol. *Avec piqûres.*

405. —— Le même ouvrage en 10 volumes. *Avec quelques piqûres.*

406. 毛詩名物圖說. *Mou-si mei-butsu dzu-setsu.* Noms d'objets
d'histoire naturelle, cités dans les anciennes poésies chinoises, appelées
Maô-schi. Par *Niwa-Gen-kan.* Tôkiyo 1808. 2 vol. illustr.

407. 毛詩品物圖攷. *Mou-si hin-butsu dzu-kau.* Description et représentation d'objets de la nature, cités dans les anciennes poésies chinoises, appelées *Maô-schi.* Par *Oka Gen-hou.* Kiyôto, Osaka 1785. 7
tom. en 3 vol.

408. 博物新編. *Hakŭ-butsŭ shin ben*. Nouveau traité des sciences naturelles. 3 vol.

409. 物理小學. *Butsŭ-ri siyau-gakŭ*. Traité élémentaire des sciences naturelles. Tōkiō 1882. 3 vol. illustré.

410. 大日本物産圖會. *Dai Nippon San-motsŭ dzu-ye*. Les produits naturels du Japon illustré. 2 vol.

411. 日本生物志. *Nihon san-butsu shi*. Les produits naturels du Japon. 11 volumes.

412. 大和本草. *Yamato hon-sau*. Histoire naturelle du Japon. Par *Kaibara Yeki-kan*. Kiōtō 1708. 16 volumes.

413. 大和本草附錄. *Yamato hon-zau fu-rokŭ*. Supplément au précédent. 5 vol.

414. 小學化學書. *Siyau-gakŭ kwa-gakŭ sho*. La Chimie pour la Jeunesse. 3 vol. 1874.

---

415. 雲根志. *Un-kon-si*. Le livre des cristaux et des pierres. Minéralogie du Japon. Ouvrage très recherché. Par *Kino-udzi Sen-ban*. Osaka 1772—1801. 15 vol. Avec notes MSS. de M. Geerts.

416. —— Le même ouvrage manuscrit (sans illustr.).

418. 石品産所考. *Seki-hin-san-siyo-kau*. Examen des endroits où se trouvent les produits du règne minéral. Par *Mumemoto Ko-tetsu*. Tōkiyo 1873. 2 vol.

419. 日本金石産地. *Nihon kin-seki san-dzi*. Liste des minérais et des mines au Japon. Tōkiyo. 1879.

420. 五畿七道礦山捷覽. *Go-ki, Sitsi-dau Ko-san sev-ran*. Revue des endroits où se trouvent des minérais dans toute l'étendue de l'empire. 1872. Une feuille.

421. 山相秘錄. *San-sau hi-roku*. Traité de Minéralogie. Par *Satau Gen-haku* et *Satau Kau-haku*. Tōkiyo 1876. 2 vol. av. fig.

422. 金石學. *Kin-seki-gaku*. l'Enseignement de la minéralogie. Par *Wada Isirau* et *Tanaka Yosiwo*. 1876. av. pl.

423. 金石識別表. *Kin-seki siki-betsu hiyo*. Traité de minéralogie avec tableaux comparatifs; par *Wada Isirau*. Tōkiyo 1877.

424. 雲根志. *Un-kon si*, Le livre des cristaux et des pierres. Minéralogie de Japon. 5 vol. av. fig.

425. 礦物小學. *Kwau-motsŭ siyau-gakŭ*. Eléments de minéralogie. Tokio 1882. nouv. éd.

426. 土性辨. *Do-sei-ben*. Traité de géologie. Par *Satau Nobukuye*. Tokiyo
1873. 3 vol.

427. 試驗要領. *Si-ken yeu-riyau*. Traité de chimie analytique. Par
Nagamatsu Tou-kai. Tôkiyo 1876. 5 vol.

428. 山蠶或問. *Yama-mayu waku-mon*. Questions et réponses sur l'élé-
vation du *Yama-mayu* (le ver à soie qui se nourrit de feuilles de chêne
et autres). Par *Osaki Yuki-masa*. Tôkiyo 1877. 2 vol. illustr.

429. 養蠶新論. *Yau-san sin-ron*. Traité de magnanerie. Par *Tasima
Kuniyasu*. Tôkiyo 1875. 2 volumes.

430. 續養蠶新論. *Toku yau-san sin-ron*. La suite de l'ouvrage précédent. Par le même auteur. Tôkiyo 1879. 3 volumes.

431. 養蠶圖解. *Kai-ko ye-toki* ou *Yau-san dzu kai*, Traité illustré de
magnanerie. Sans date. Un volume. gr. in-8°.

432. 養蠶祕錄. *Yau san vi roku*. L'art de cultiver les vers à soie.
Par *Uyékaki Morikuni*. 3 vol. gr. in-8°. avec pl. noires. Car. chin. curs.
et *viragana*.

433. 漁村維持法. *Giyo-son i-dzi hau*. Mesures à prendre dans l'in-
térêt des pêcheries. Par *Satau Sin-yen*. Tôkiyo 1870. Deux volumes avec
quelques figures dans le texte.

434. 水族寫眞. *Sui-siyoku siya-sin*, Histoire naturelle de la gent aqua-
tique. Le livre des poissons. Tôkiyo 1855. Deux volumes avec planches
coloriées. gr. in-8°.

435. 訓蒙動物學. *Kun-mo dou-butsŭ gakŭ*. Eléments de zoologie pour
la jeunesse. 2 Vol. illustrés. 1880.

---

436. 草本圖說. *San-moku dzu-setsu*. Flore du Japon arrangée selon le
système de Linné; par *Iinuma Toku-sai*. Ouvrage d'un grand mérite.
Ré-édition, revue et augmentée avec le concours du Dr. Savatier par le
Sénateur *Tanaka Yosiwo*. Tokiyo 1874. 20 vol. avec des dessins de plantes sur chaque page.
  La présente édition contient à côté de chaque dessin le nom de la plante en langue japonaise en caractères romains ainsi que le nom latin et le nom de la famille à laquelle
  elle appartient.
  L'ouvrage contient la description des plantes herbacées. M. *Tanaka* annonce dans la pré-
  face son intention de publier également le reste de l'ouvrage de feu *Fukusai*, resté
  inédit, et traitant en 10 volumes des arbres et en 10 autres volumes des graminées,
  cyperacées et cryptogames vasculaires.

437. 草彙. *Kuwa-i*. Flore du Japon illustrée. Livre scientifique de premier
ordre. Par *Yo-nan-si* ou *Boyo Yamamoto* et *Ono Ranzan* 1759. Quatre
tomes sont consacrés aux plantes herbacées et quatre tomes aux arbres.
En tout 8 vol. *Manuscrit* illustré. gr. in-8°.

438. 農事圖解. *Nou-zi dzu-kai*. Collection de dessins, représentant les
diverses branches de l'agriculture et de l'horticulture. Tôkiyo 1875. Re-
production de clichés européens (français) avec texte japonais. 30 feuilles, et 1 feuille supplément.

439. 全國農産表. *Zen-koku nou-san hiyo.* Tableaux des produits agricoles du Japon. Tôkiyo 1878.

440. 花譜. *Kuwa-fu.* Traité des fleurs cultivées. Par *Kaibara-Rakuken.* Kiyôto 1840. 5 vol.

441. 槭品便覽. *Siyuku-hin ben-ran.* Catalogue des espèces d'érables en vente chez les fleuristes *Seigoro Oka, Isaburo Ito* et *Gosaburo Ito* à *Tôkiyo*; les noms sont imprimés en caract. romains, avec description en langue japon. Une feuille en enveloppe.

442. 山林新説. *San-rin sin-setsu.* Traité sur les forêts; manuel d'économie forestière. Par le Sénateur *Tanaka Yosi-o* et *Katayama Naobito.* Tôkiyo 1877. 4 vol.

443. 有毒草木圖説. *Iu-doku sau-moku dzu-setzu.* Description et représentation des plantes et des arbres venéneux du Japon. Owari 1823—27. 2 vol. av. 123 pl. Livre très estimé avec des dessins exacts.

444. 救荒本草野譜. *Kiu-kuwau hon-sau ya-fu.* Traité des plantes, qui peuvent servir de nourriture pendant une famine. Par *Wau-sei-ro* et *Tsiyo-ka-se.* Kiyôto 1715. 2 vol. illustr.

445. 草本性譜. *Sau-moku sei-fu.* Description et représentation de plantes et d'arbres. Tôkiyo 1823—1827. 3 vol.

446. 新訂草木圖説. *Shin-tei Zau-mokŭ dzu-setzŭ.* Nouvelle édition des planches et descriptions de la Flore du Japon. Vingt volumes grand 8°., réimprimé dans la 7e année de *Meï-di* (1874) d'après l'édition de 1856. Première Partie: Plantes. 20 vol.

447. 百合譜. *Hiakŭ-gau fū.* Monographie des lis (30 Espèces) illustré. 1 vol.

448. 植學啟原. *Shokŭ-gakŭ Kei-gen,* Traité primaire de la culture des arbres. 1833. 3 vol.

449. 草木六部耕種法. *Sau-mokŭ rokŭ-bu kau-shiu hau,* Méthode pour la cultivation des six classes de plantes et d'arbres. 1872. 16 vol.

450. 日本山海名産圖會. *Nihon San-kai mei san dzu-ye.* Dessins et descriptions des produits célèbres terrestres et maritimes du Japon. 1799. 1 vol.

451. 牽牛花譜. *Ken-giu kwa-fu,* Traité des convolvulacées. Illustré. 1 vol. 1818.

452. 長生草. *Tsiyau-sei zau,* Traité des cactées Illustré. 1830. 1 vol.

453. 牡丹譜. *Bau-tan fu.* Le livre de la pivoine (Pionia mutan). Album colorié. 1 vol.

454. 植物小學. *Shokŭ butsŭ siyau-gakŭ,* traité élémentaire de botanique. 1881. 2 vol.

455. 草木圖說. *Ts'ao-mouh lou-choue.* Planches et description de plantes, livre XVI—XIX en texte mixte japonais-chinois, illustré (*incomplet*). gr. in-8°. Près des figures des plantes, dont quelques-unes sont coloriées, les noms systématiques en Latin et noms vulgaires en Hollandais sont ajoutés.

L'ouvrage complet consiste en 20 livres sur les plantes, 10 livres sur les arbres et 10 livres sur des arbres st plantes divers, en tout 40 livres.

Sciences exactes. — Technologie. — Industrie. — Commerce. — Métiers.

456. 天變地異. *Ten-ben-tsi-i.* Les phénomènes aëriens et terrestres. Par *Obata Toku-zirau.* Tòkiyo 1869. av. fig.

457. 規矩術圖解. *Ki-ku ziyutsu dzu-kai.* Traité de mathématique. Par *Murata Dziyo-setsu.* Tòkiyo 1820. 3 vol.

458. 匠家。矩術新書. *Siyau-ka. Ku-ziyuts sin-siyo.* Nouveau traité de mathématiques à l'usage des charpentiers. Par *Hirautsi Oho-sumi* 1848. fol.

459. 珠筭捷徑. *Siyu-san seu-kei* ou 龜井筭獨學 *Kame-i san toku-gaku.* Cours pratique d'arithmétique japonaise. Par *Murata Tada-nori.* Tòkiyo 1879. 2 vol.

460. 筭法新書. *San-pau sin-siyo.* Le nouveau livre de l'arithmétique. Par *Hassegawa Yen-zayemon.* Tòkiyo 1873.

461. 筭顆術授業書. *San-ko-dzutsŭ dziu-giŏ sho.* Problèmes mathématiques publiés pour l'instruction des collèges et écoles. 1878. 3 vol.

462. 小學數學書. *Siyau-gakŭ sŭ-gakŭ sho.* Arithmétique pour la Jeunesse. 2 vol.

463. 小學筭術書. *Siyau-gakŭ san-dzutsŭ sho.* Arithmétique pour la Jeunesse. 1873. 5 vol.

464. 幾何學階梯. *Ki-ka-gakŭ kai-tei.* Echelle graduée des éléments géométriques d'Euclide. 1879. 3 vol.

465. 官許筆筭摘要. *Kwan-kio Hitsŭ-san teki yau.* Précis du calcul au pinceau, publié avec l'autorisation du gouvernement. Traduit de l'ouvrage de Robinson. 1875. 5 vol.

466. 幾何新論解. *Ki-ka shin ron kai.* Nouvelle explication des éléments géométriques d'Euclide. Traduite de l'Anglais 1876; avec la Suite 1877. 2 vol.

467. 幾何新論. *Ki-ka shin-ron.* «Nouvelle dissertation sur les éléments géométriques d'Euclide, traduit de l'Anglais. 1876. 1 vol.

468. 三角新論. *San-kakŭ shin-ron*. Nouvelle dissertation sur les triangles, traduite de l'Anglais. 1878. 2 vol.

469. 色圖釋. *Shikĭ-dzu shakŭ*. Explication de la table des couleurs. 1 vol.

470. 東京數學會社雜誌. *Tou-kei su-gakŭ kwai-siya zau-shi*. Journal de la Société mathématique de Tōkiŏ. 1881.

471. —— Idem 1877. N°. 1 à 35. 3 vol.

472. 天工開物. *Ten-kou kai-butsu*. Technologie chinoise illustrée. Par *So-wo-sei*. Ed. jap. par *Nan-tau*. Kiyôto 1771. 9 vol.
Ce livre a été traduit en partie par Stanislas Julien dans ses «Industries chinoises anciennes et modernes.»

473. 山海名物圖會. *San-kai mei-butsu dzu-ye*. Description et représentation des produits remarquables de la terre et de la mer. Par *Hirase Tatsuyai* et illustré par *Hasegawa Mitsuno*. Osaka 1754. 5 vol.

474. 山海名産圖會. *San-kai mei-san dzu-ye*. Description et représentation des produits remarquables de la terre et de la mer; technologie japonaise par *Kimura Kau-kiyau*. Osaka 1798. 5 vol.

475. 生絲製方指南. *Ki-ito sei-hau si-nan*. Compas (traité) du dévidage et du filage (suite du *Yau-san siv-yen*). Par *Tatsi Saburau*. Tôkiyo 1874. avec fig.

476. 茶業必要. *Tsiya-geu hitsu-yau*. Choses nécessaires à la manufacture du thé. Par *Uyebayasi Kumazirau* et *Yegutsi Takakado*. Tôkiyo 1877. 2 vol. illustr.

477. 紅茶說. *Kou-tsiya setsu*. Traité sur le thé pourpre (c. à d. le thé noir). Tôkiyo 1878. 4 vol.

478. 海上衝突豫防規則間苔. *Kai-ziyau siyou-tou yo-bau ki-soku mon-tavu*. Les règles qu'il faut observer pour éviter le choc des navires en mer, par *Motoyama Yen*. Tôkiyo 1876. av. pl.

479. 匠家極秘傳. *Siyau-ka goku hi-den*. Le secret de l'art du charpentier. Par *Hironi Sin-pu*. Yédo 1727. 2 vol. av. pl.

480. 隄防溝洫誌. *Tei-bau kou geki-si*. Traité des ponts et chaussées par *Satau Sin-iu*. Tôkiyo 1876. 4 vol. illustr.

481. 隄防橋梁積方. *Tei-bau kiyo-riyau seki-bau*. Traité sur la construction des ponts et chaussées. Tôkiyo 1871. 1 vol. texte et 1 vol. atlas.

482. 內國勸業博覽會出品解說. *Nai-koku kuwau-geu haku-ran-kuwai siyutsu-hin kai-setsu*. Catalogue raisonné des objets exposés à l'Exposition d'industrie nationale d'Uyéno (à Tôkiyo) en 1877. 6 vol. av. grav.

483. 番匠町家雛形. *Bau-ziyau tsiyo-ka hinagata*. Traité sur l'art de bâtir des maisons. Par *Ziu itsi-do*. Osaka 1772. 2 vol. av. pl.

484. 匠家雛形. *Siyau-ka hinagata.* Traité des constructions en bois. Par *Motobayasi Tsunemasa.* Tôkiyo 1853. 2 vol. av. pl.

485. 初學家事經濟書 *Sho-gaku ka-zi kei-zai sho.* Livre de l'économie domestique pour commençants. 1882. 2 vol.

486. 馬耳蘇氏記簿法. Manuel de la tenue des livres. 2 vol. avec 3 vol. de Supplément, 1875.

487. 初學經濟論 *Sho-gakŭ kei-zai ron.* Administration économique pour la jeunesse (connaissance des marchandises). 1882. 3 vol.

488. 小學讀本 *Siyau-gakŭ tokŭ-hon.* Petite encyclopédie pour la jeunesse. 1874. 6 vol.

489. —— Le même ouvrage. Nouv. édit. 1882. 3 vol. (*bis*).

490. 小學入門 *Siyau-gakŭ niu-bun.* Manuel pour les commençants. 1875.

491. 廣益農工全書 *Kwau-yeki nou-ku sen sho.* Livre complet de l'agriculture et des métiers enlargi et augmenté. Tōkiō 1881. 5 vol.

492. 幼維國 *You-tchi yen.* Jardin de la jeunesse. Description de la fabrication de jeux d'enfants, illustré. 1877. 3 vol.

493. 織文圖會叙 *Shokŭ-bun dzu-ye jo.* Dessins d'étoffes et tissus coloriés. 1801.

494. 裁縫教授書 *Sai-hou Kiyau-dziu shö.* Manuel pour apprendre l'art du tailleur. Par *Kubota Riyau-san.* 2 vol. illustrés. Tōkiō 1878.

Sciences Médicales.

495. 醫方考繩愆. *I-hau kau-ziyau ken.* Rectification d'erreurs dans la médecine. Traité de thérapie; par trois auteurs chinois: *San-o-si-go-ken*, *Hoku-san-yu-siyau-si* et *Haku-bai-an.* Édition japonaise. Kiyóto 1698. 10 vol. gr. in-8°.

496. 官刻普救類方. *Kuwan-koku fu-kiu rui-hou.* Traité de médecine pratique. Par *Tatsibana Tsika-aki.* Yédo 1729. 7 tom. en 12 vol.

497. 温疫論. *On-yeki-ron.* Discours sur les maladies contagieuses. Par le médecin chinois *Yen-riyo-go-yu-sci.* Édition japonaise, publiée à Kiyóto 1788. Denx volumes. gr. in-8°.

498. 醫範提綱. «*I-hau tei-kau.* Truble des règles médicales», d'après des sources hollandaises; par *Utagava Sin-sei* 1805. Un volume. gr. in-8°. et un Atlas d'anatomie humaine d'après l'ouvrage de S. Blancard (Anatomia reformata 1687), 1808.

499. 食 物 本 艸. *Siyoku-butsu hon-sau*. Traité des produits alimentaires. Par *Gi-siyun-an*. 1669.
Avec piqûres.

500. 藥 局 方. *Yaku-kiyoku hau*. Petite pharmacopée à l'usage de la marine. Par *Okuyama Kohei*. 1874. 12°.

501. 尙 藥 必 携. *Siyau-yaku hitsu-kei*. Les réglements de la pharmacie par *Ohomori Masayuki*. Tôkiyo. 1877.

502. 六 成 論. *Tai-sei-ron*. Traité de pathologie par l'auteur chinois *Kau-bun-son-si*. Osaka, sans date.

503. 內 經 素 問. *Nai-kei so-mon*. Questions et réponses sur la médecine, attribuées par les Chinois à *So-ko*, un génie céleste, du temps de l'empereur légendaire *Hoang-ti*. Publié par le Chinois *Ke-gen-si-o-hiyo*. Édition japonaise par *Yosi-hiro Gen-tou*. Kiyôto 1663. 24 tom. en 12 vol. gr. in-8°.
Livre très ancien et réputé classique.

504. 內 經 靈 樞. *Nai-kei rei-su*. Traité sur la médecine; par le médecin chinois *Si-su*. Édition japonaise. Kiyôto. Sans date. 24 tom. en 6 vol.
Livre très ancien et réputé classique.

505. 病 理 各 論. *Biyau-ri kaku-ron*. Leçons de médecine pratique; par C. G. van Mansveldt. Osaka 1878. 6 vol.

506. 醫 學 七 科 問 荅. *I-gaku sitsi-kuwa mon-tau*. Série de publications sur les sciences médicales à l'usage des étudiants, traduction de livres américains, en questions et réponses. 1879. 6 vol. texte et 5 vol. planches.

507. 醫 語 類 聚. *I-go rui-siu*. Titre anglais: a medical vocabulary in English and Japanese with useful appendices. By *T. F. Okuyang*. 2e éd. Tôkiyo 1877. *d. veau*.

508. 傷 寒 論. *Siyau-kan-ron*. Traité des maladies fiévreuses; par *Tsiyau-tsiu-kei*. Kiyôto 1829.
Livre très ancien.

509. 宋 板 傷 寒 論. *Sou-han siyau-kan ron*. Traité des maladies fiévreuses; par le médecin chinois *Tsiyau-tsiu-kei*, et augmenté par *Nan-yau tsiyau-ki* et *Ri-sin-rin-oku-to*. 2 vol.
Avec quelques piqûres.

510. 十 四 經. *Ziu-si-kei*. Traité d'acupuncture et d'anatomie; par *Yu-an-sai-gen-yu*. Kiyôto 1659. 10 vol. illustrés. gr. in-8°.

511. 瘍 科 秘 錄. *Yau-kuwa hi-roku*. Traité de chirurgie par *Kaku-sei-tsiu*. Kiyôto 1837. 10 vol.

512. 假 名 讀 十 四 經. *Kana yomi ziu-si kei*. Traité d'acupuncture; par *Kuwatsu-ziu tsiyau-haku-zin*. Yédo, Osaka 1805. 2 vol.

513. 衛生學大意. *Yei-sei-gaku tai-i.* Exposé des principes généraux de l'hygiène publique. Tôkiyo 1879.

514. 虎狼痢治準. *Ko-rau-ri dzi siyu.* Préceptes pour guérir du choléra. Traité médical par *Ogata kou an* suivant l'instruction de M. Pompe van Meerdervoort, docteur hollandais, ci-devant professeur de médecine à Nagasaki. 1857. gr. 8°.
Vrais car. chin. et *katak.*

515. 扶氏診斷. *Vu si sin dan.* La pathologie du (docteur) *Vu*, (Hufeland). Traité de médecine, publié par *Yama moto bi tsi bi*, d'après une traduction hollandaise de ce livre. 1858. 3 vol. gr. in-8°.
Vrais car. chin. et *katakana.*

516. 藥用動物篇. *Yaku-you dou-butsu hen.* Traité des matières médicales du règne animal. Par *Matsubara Sin no suke.* Tôkiyo 1878. 2 vol.

517. 弗氏生理書. *Bus'hi sei-ri sho.* Le livre de physiologie de M. Butsŭ, traduit de l'ouvrage américain de *Hoko tsi son.* (Hodgson?). 1875. 7 vol.

518. 東京醫事新誌. *Toukei i-dzi shin-shi.* Nouveau Journal médical de Tōkiō, N°. 252.

519. 病理各論 *biau-ri kokŭ-ron.* Traitement spécial des maladies par 三宅秀. 1880. 12 vol.

520. 病理總論 *biau-ri sō-ron.* Traitement général des maladies, par le même. 1880. 6 vol.

521. 增訂外科通論. *Zō-tei Gwai-kwa tsu-ron.* Dissertation générale de la chirurgie, édition augmentée. 1876—1882. 8 vol.

522. 東校醫院治驗錄. *Tou-kau i-in Tchi-ken rokŭ.* Thérapie et diagnostique du collège médical oriental. Tōkiō. 11 vol.

523. 初學人身窮理 *Sho gakŭ dzin-shin Kiŭ-ri.* Traité de l'anatomie pour commençants. 1881. 2 vol.

524. 小學校用養生淺說. *Siyau-gakŭ kau-yō yau-jau sen-selsŭ.* Traité élémentaire d'hygiène pour l'usage des écoles primaires. 1879. 2 vol.

525. 解剖攬要. *Kai bou ran yau.* Compendium de la dissection des corps. 1878. 14 vol.

526. 虎烈刺論. *Koretratŭ ron.* Traité du choléra, publié par autorité du collège oriental de l'Université. 1 vol. 1871.

527. 種痘龜鑑. *Shiu-to ki-kan.* Miroir de la vaccination, publié par le collège de médecine à Tōkiō. 1871.

Albums de dessins et d'aquarelles. — Manuels à faire des bouquets. — Collections de Montures de sabres, de lances etc.

528. **繪本武藏鐙**. *Ye-hon Musasi abumi.* Album de dessins de guerriers célèbres. Par le peintre *Hoku-sai* 1836.

529. **繪本和漢譽**. *Ye-hon Wa-Kan homarc.* Album de dessins suivant les styles japonais et chinois; par *Hoku-sai.* Yédo 1850.

530. **繪本魁**. *Ye-hon saki-gake.* L'Album des champions. Par *Hoku-sai.* 1838.

531. **繪本女今川**. *Ye-hon onna ima-yawa.* Album de dessins en noir de *Hoku-sai,* avec texte. Sans date.

532. **尉齋畫譜**. *Kuwa-sai guwa-fu.* Recueil de dessins d'oiseaux, de plantes, etc. de *Kuwa-sai.* Kiyoto 1841.

533. **風雅墨中之花**. *Fuu-ga boku-tsiu no hana.* «La fleur de l'encre»; album de dessins à encre de chine du peintre *Un-go-rau. Manuscrit.* 1838. *Avec piqûres.*

534. **雄名畫集**. *Yuu-mei guwa-siv.* Collection de dessins célèbres. Par un artiste inconnu (style de Kiyôto) 1835—1840 (?). Album de dessins coloriés *exécutés à la main.*

535. **萬象畫海刧**. *Ban-siyau guwa-kai lav.* «Une mer de dix mille formes différentes de dessins»; album d'aquarelles de fleurs, d'oiseaux, etc. d'un artiste inconnu de Kiyôto. Environ 1840. *Manuscrit.*

536. **畫學教授法**. *Guwa-gaku kiyo-siyuu hau.* Manuel de dessin suivant la méthode européenne. Par *Honda Kin-kitsi.* Tòkiyo 1879.

537. **八丘椿**. *Hatsi-kiu tsin.* Collection de modèles de tissus; planches en noir et en couleurs. Yédo 1840. pet. in-folio.

538. **求古圖譜**. *Kiu-ko dzu-fu.* Collection de dessins de tissus antiques; planches en noir et en couleurs. Yédo 1840. pet. in-folio. *Légèrement rongé.*

539. **裝束織文圖會**. *Siyau-zoku ori-mono dzu-ye.* Dessins coloriés d'étoffes pour les habits des nobles; publié par un noble de la province d'Omi. 1815. 3 vol. *Avec piqûres.*

540. **大和繪樣集**. *Yamato ye-yau siv.* Dessins de l'ornement japonais. Par *Tatsukava Kohei.* Yédo 1763. 4 vol. *Légèrement piqués.*

541. **Ornements** japonais. 3 vol. 8°.-obl.

542. —— 1 gros vol. pet. in-8°.-obl.

543. **Tatsukava Kotei.** Dessins de l'ornament japonais. Yédo 1763. 2 vol. gr. in-8°.

544. 小學普通畫學本. *Siyau gakŭ fu tsu guwa gakŭ hon.* Modèles de dessins publiés par le Ministère de l'Instruction publique. 1879. 24 Cahiers.

545. Petit livre de dessins. 1 vol.

546. 類題春草集. *Rui-dai Shun-sau shiŭ.* Fleurs du printemps. 2 vol.

547. 薫齊麁畫初篇. Livre de Dessins. 1 vol.

548. 畫本錦之囊. *Guwa-hon kin no nou.* Livre de dessins. 1 vol.

549. 花鳥畫傳. *Kwa-tsiyau guwa-ten.* Dessins de fleurs et d'oiseaux, dessinés par 葛飾戴斗. 1 vol.

550. Neuf albums de dessins de 北齊 *Hokŭ-sai.*

551. 歷代名公畫譜. *Riki-dai mei-kou guwa-fu.* Album de dessins de maîtres célèbres pendant les dynasties successives. 4 Cahiers.

552. Album de dessins d'oiseaux coloriés. 1 vol. folio.

553. 教訓錦繪. *Kiyau-kun kin-yē.* Album de dessins coloriés. Oiseaux, Fleurs, Métiers. 2 vol. folio.

554. 觀音靈驗記. Dessins et Tableaux de l'efficacité de *Kwan-yin.* 2 vol.

555. 御幸行列圖. Tableau du cortège Impérial.

556. 萬職圖考. *Man-shoku dzu-kau.* Album de dessins. 2 vol. (manque le 1e vol.).

557. 集古十種. *Siv-ko ziu-siyu.* Dix espèces d'antiquités. Collection d'albums archéologiques in-folio sans date.

> Vingt-cinq volumes d'appareils de guerre, à savoir: douze volumes de casques et armures, cinq volumes de drapeaux et d'étendards, deux volumes d'arcs et de flèches, trois volumes de harnais, trois volumes de sabres et de lances.
> Deux volumes de matériaux pour écrire et dessiner.
> Huit volumes de tablettes littéraires et un volume supplémentaire contenant l'index.
> Cinq volumes de portraits.
> Trois volumes de bronzes.
> Douze volumes d'épitaphes en pierre et un volume supplémentaire contenant l'index.
> Huit volumes d'épitaphes copiées sur des cloches d'église et un volume supplémentaire contenant l'index.
> Un volume de dessins de paysages.
> Un volume de lois et d'édits.
> Un volume de dessins d'objets célèbres.
> Six volumes d'instruments de musique et de danse.
> Deux volumes d'images des sept souverains célestes.

558. —— Autre exemplaire des vingt cinq volumes de dessins d'appareils de guerre; mentionnés dans le précédent numéro in-folio.

559. 集古十種. *Siv-ko ziu-siyu.* Série de sept volumes d'empreintes de sceaux, avec dessins de fameux cachets et de boîtes à sceller; publiée sous le même titre que la série précédente, mais en plus petit format. 4°. sans date.

560. 小山林堂書画文房圖錄. *Koyama Rin-dau siyo-guwa bun-bau dzu-roku*. Description et représentation de belles et anciennes écritures, de dessins et d'objets d'art qui se trouvent dans la collection de la maison *Koyama Rindau*. Par *Satau Itsi-sai*. Yédo 1854. 10 vol. avec de nombreuses planches. pet. in-folio.
Ouvrage très estimé.

561. 古書画鑑賞圖錄. *Ko-siyo-guwa kan-siyau dzu-roku*. Notices illustrées des écritures et peintures des artistes célèbres de l'antiquité, accompagnées d'éloges. Tôkiyo 1882. 4 vol.

562. 裁縫教授書. *Sai-hou kau siyuu-siyo*. Manuel de la couturière; livre d'instruction pour les écoles des filles. Par *Kubota Riyau-san*. Tôkiyo 1878. 2 vol. avec dessins de vêtements.

563. 新刀銘盡. *Sin-tau mei-zin*. Mention complète des sabres modernes· Avec des figures coloriées montrant les differentes qualités de la trempe, et les fusées portant la marque de l'artiste. Tôkiyo 1845. oblong.

564. 金工鑑定秘訣. *Kin-ku kan-tei hi-ketsu*. Les secrets de l'art de l'orfèvre. Ouvrage illustré montrant les dessins de chefs d'oeuvre. Yedo 1819. 2 vol. gr. in-8°.

565. 掌中新刀銘書. *Siyau-tsiu sin-tau mei-siyo*. Mémoire sur les sabres modernes. Tôkiyo 1868. illustré.

566. 軍用記. *Gun-you ki*. Traité illustré des armes. Par *Isé Hei-ziyau*. Yedo 1761. 7 vol. avec planches en noir et coloriées. gr. in-8°.

567. 服色圖解. *Fuku-siyoku dzu-kai*. Dessins coloriés d'habits en usage chez les nobles; par *Honma Yo-itsi*. Province de Mutsu. Yédo 1816.

568. 插花宇以學. *Sasibana u-i manabi*. Traité élémentaire de l'arrangement des bouquets suivant la méthode du professeur *Yen-siu*. Par *Sen-siyau-an*. Tôkiyo 1835. 3 vol. illustrés.

569. 插花月榮. *Sau-kuwa tsuki no sakaye*. Arrangement des bouquets selon les quatre saisons suivant la méthode du professeur *Yen-siu*. Par *Sau-getsu-sai*. Tôkiyo 1841. 2 vol. illustrés.

570. 遠州心花抄. *Yen-siu sin-kuwa seu*. Arrangement des bouquets suivant la méthode du professeur *Yen-siu*: par *Sei-getsu-an*. Tôkiyo. Sans date.

571. 三十六花選相生帖. *San-ziu-roku kuwa-sen aï-oï deu*. Trente-six espèces de bouquets chinois. Par *Sen-tsiku-an Fu-ziyau*. Osaka 1833. illustré.

572. 插花四季詠. *Sasibana si-ki no nagame*. Arrangement des bouquets suivant les quatre saisons de l'année; par *Gen-siyo-sai-tei-zitsu*. Kiyôto 1818. 2 vol. avec 86 planches.

573. 插花四季詠. *Sasibana si-ki no nagame*. Revue des espèces de bouquets suivant les quatre saisons. Par *Ho-sei Tei-mori Itsikun*. Kiyôto 1818. 2 vol. avec 100 planch.

574. 活花水莖百瓶 · *Ikebana Midzu-nuki haku-hei.* Cent espèces de bouquets. Par le professeur *Midzunuki.* Osaka 1833. 2 vol. avec 100 planches.

575. 插花錦之袋 · *Sasibana nisiki no fukuro.* «Reticule en brocart du bouquetier». Album de bouquets modèles. Par *Sin-yei-sai Yamamoto Itsi-o.* Kiyôto 1863. 3 tom. en 2 vol. avec 81 planches.

576. 插花 · *Sasi-bana.* Manuel pour l'arrangement des fleurs. Par *Kiriya Ten-siu.*

576*a.* 瓶花圖彙 · *Ike-bana dzu-i.* Galerie de bouquets. Par *Yamanaka Tsiu Tayemon* 1698. 2 vol. in-fol.

576*b.* 名所圖會 · *Mei siyo dzu-e.* Serie de dessins d'endroits célèbres du Japon. Par *Kitawo Keisai Masayosi* 1785.
Longue feuille en rouleau.

576*c.* Rouleau sans titre contenant une Série de Cartes des provinces du Japon suivie d'une mappemonde. Par *Yamasaki Gi-ko* 1834.

576*d.* Rouleau contenant sous le titre de 和漢武者 · *Wa-Kan mu-siya,* c.-à-d. les guerriers du Japon et de la Chine, une série de scènes de batailles, de portraits, de femmes galantes et de scènes d'intérieur, par différents artistes de l'école *Ukiyo-ye,* tels que *Kuni-yosi, Toyokuni, Yositora* et *Yasukazu.*

576*e.* Rouleau sous le titre de 武勇傳名將說 · *Bu-yuu-den mei-siyau sets'.* Exposé des héros du B. y. d., c.-à-d. de la chronique des héros. Contenant des scènes de batailles de *Kuniyosi,* des scènes de rue, sujets historiques et romantiques, portraits de femmes, portraits d'acteurs de *Kunisada, Kuniyosi, Kunisato, Yosi kazu* et *Toyokuni* et des scènes burlesques de *Kei-sai Yei-sen.*

Ouvrages Divers.

577. Soltykoff, A. Habitants de l'Inde, dessinés d'après nature, lithographiés à deux teintes par J. Trayer. Par. s. d. av. 42 planches. gr. in-fol. *cart.*
Bel exemplaire d'un ouvrage magnifique.

578. Solvyns, B. The Hindoos: a picturesque delineation of the persons, manners, customs and religious ceremonies of that people, accurately distinguished into their several castes: together with the arts, manufactures and curiosities etc. of Hindoostan etc. Par. 1808—12. 4 vol. gr. in-fol. av. 288 planches coloriées, *cart., non rogné.*
Bel exemplaire comme neuf. Publié à 100 guineas. *Le texte en anglais et en français.*

579. Kern, H. Geschiedenis van het Buddhisme in Indië. Haarl. 1884. 2 dln. gr. 8°. *nieuw.*

580. Malleson, G. B. An historical sketch of the native states of India. Lond. 1875. With maps. *cloth.*

581. Newbold, T. J. Political a. statistical account of the British settlements in the Straits of Malacca. Lond. 1839. 2 vol. w. maps. *cloth.*

582. Wray, L. The practical sugar planter. Lond. 1848. w. numerous illustr. *cloth.*

583. Groot, J. J. M. de. Les fêtes annuellement célébrées à Emoui (Amoy). Etude concernant la religion populaire des Chinois. Trad. p. C. G. Chavannes. Par. 1886. 2 vol. av. plus. planches et grav. 4°.

584. Lobscheid, W. English and chinese dictionary with the Punti and Mandarin pronunciation. Hongk. 1866—69. 4 part. in 2 vol. fol. *halfbound.*

585. Art militaire d. Chinois ou recueil d'anciens traités s. la guerre, composés avant l'ère chrétienne p. différents généraux chinois. On y a joint dix préceptes adressés aux troupes p. Yong-Tcheng, etc. Trad. p. P. Amiot et publ. p. Deguignes. Par. 1772. av. 33 pl. col. 4°. *veau. Bel exempl.*

586. Borget, A. La Chine et les Chinois, dessins exécutés d'après nature par *A. Borget* et lithogr. à deux teintes par *E. Cicéri.* Paris *Goupil* et *Vibert* 1842. gr. in-fol. *demi veau.*
> Faux titre lithographié, titre, dédicace, désignation des dessins, explication des dessins (fragments de lettres inédites de l'auteur) et 32 belles lithographies sur 25 feuilles. *Taches.*

587. Eyries, J. B. B. Costumes, moeurs et usages des Chinois, des Turques, des Russes, des Autrichiens et des Anglais. Paris *Gide fils* (ca 1820). gr. in-8°. *demi maroquin vert, plats toile, ébarbé.*
> Suite de 120 superbes planches, coloriées avec le plus grand soin. Bel exempl.

588. Fisscher, J. F. v. Overmeer. Bijdrage tot de kennis v. h. Japansche rijk. Amst. 1833. av. 15 planches finement col. et quelques'unes rehaussées d'or. 4°. *veau dor. et tr. dor.*
> Description géograph. et ethnograph. du Japon; arts, religion, moeurs et costumes, sciences naturelles etc.

589. Forbes, F. E. Five years in China 1842—47. Lond. 1848. av. fig. et 1 portr. de l'impératrice de Chine en coul. *toile.*

590. Lotus. Mémoires de la Société Sinico-Japonaise. Publ. p. L. de Rosny. Paris 1884—91. vol. III—X. av. pl.

591. Martinius, Martinus. Novus Atlas Sinensis. (Amst. *J. Blaeu* 1655). av. front. et 17 cartes col. gr. in-fol. *vél., tr. dor.*
> Exemplaire sur grand papier et très bien conservé, de cette belle collection de cartes superbement coloriées et illustrées de divers costumes.
> L'atlas est accompagné de 171 pages de texte, d'un catalogus longitudinum ac latitudinum omnium locorum Imp. Sinici… (19 pages); d'un index… (6 pages). — De regno Catayo additamentum de *J. Golius* (12 pages). — De bello Tartarico historia (36 pages).

592. Mémoires s. les contrées Occidentales. Trad. du sanscrit en chinois, en l'an 648, par Hiouen-Thsang et du chin. en franç. par St. Julien. Par. 1857—58. 2 vol. av. cartes. *Vol. I d. veau. Très rare.*
> Forment le 2e et 3e volume des Voyages des pèlerins Bouddhistes. Le 3e volume contient un vocabulaire sauscrit-chinois, index des mots sanscrits figurés phonétiquement etc.

593. Pompe v. Meerdervoort, J. L. C. Vijf jaren in Japan 1857—63. Bijdragen tot de kennis v. h. Japansche keizerrijk en zijne bevolking. Leid. 1867. 2 vol. av. de belles planches col. (costumes) et cartes.

594. Schlegel, G. Sing Chin Khao Youen. Uranographie chinoise ou preuves directes que l'astronomie primitive est originaire de la Chine, et qu'elle a été empruntée p. l. anciens peuples occidentaux à la sphère chinoise. Leyde 1875. 2 vol. gr. in-8°. av. atlas céleste de 7 pl. chinois et grec d'après le Tien-Youen-Li-Li. 4°.-obl.

595. —— Thian Ti Hwui. The Hung-league or heaven-earth-league. A secret society w. the Chinese in China a. India. Bat. 1866. av. 16 pl. 4°. (ca. 300 pag.).
> Avec le texte chinois et anglais.

596. Siebold, Ph. Fr. von. Nippon. Archiv zur Beschreibung von Japan und dessen Neben- und Schutzländern: Jezo mit den südlichen Kurilen, Krafto. Koorai und den Liukiu-Inseln, nach japanischen u. europäischen Schriften und eigenen Beobachtungen. Leid. 1832—52. Texte in-4°. avec seulement 324 planches et cartes in-folio, *dont 44 très finement coloriées.*
> Du texte manquent ca 120 feuilles.
> *L'exemplaire est parfaitement conservé en feuilles, seulement qq. planches de la 5e partie ont souffert de l'humidité.*

597. 報通 *T'oung-Pao*. Archives pour servir à l'étude de l'histoire, des
langues, de la géographie et de l'ethnographie de l'Asie orientale. (Chine,
Japon, Corée, Indo-Chine, Asie centrale et Malaisie). Rédigées p. G.
Schlegel et H. Cordier. Leide 1890—92. Année I. II. III.
Cette publication paraît tous les deux mois par fascicules d'environ 6 feuilles d'impression chacun. Prix de l'abonnement annuel 25 fr., — 12 florins, — une livre sterling, — 20 Marks. franco de port.

598. Gomes de Mattos, A. Esboço de um manual para os fazendeiros de assucar no Brazil. Rio de Jan. 1882. av. fig. gr. in-8°. — Breve noticia
sobre a primeira exposiçao de café do Brazil. Rio de Jan. 1882.

599. Report officiel du Ministre de l'instruction publique en Japon. 1873—1879.
10 vol. 4°. toile. — et autres publications officielles du Japon. Ensemble
24 gros vol. in-4°. touts en japonais.

600. 40 Volumes d'ouvrages scientifiques anglais, allemands, franç. etc. trad.
en japonais. *reliés*.

601. Dictionnaire Russe—Japonais. 2 tom. en 1 vol. 4°. *veau*. Gros volume de
ca. 1800 pag.

602. Environ 150 livres japonais en tout genre. Collection intéressante.

603. 20 Volumes japonais avec des dessins coloriés et noires (costumes, sciences naturelles, scènes de la vie etc.).

604. 20 Volumes de livres populaires illustrés en japonais.

605. Victorian Yearbook for 1883—84. Melbourne 1884. — Natal Almanac,
directory and yearly register 1883. Piet. 1882. — Illustrated Handbook
of Victoria. 1886. Melbourne. w. 70 plates. etc. 10 vol.

606. Herbarium de plantes japonaises naturelles, avec leurs noms en japon.

607. Shibata a. Koyasu, An English and Japanese dictionary, explanatory,
pronouncing and etymological, cont. all english words in present use,
with an appendix, contain. explanatory tables of irregular verbs, abbre-
viations etc. and pronouncing vocabulary of modern geographical names.
2d ed. illustr. by above 600 engrav. Tokei 1882. 4°. *calf.* (1318 pag.).

608. Dictionnaire polyglotte militaire et naval, franç., allemand, anglais, néer-
land. et japonais. Nouv. éd. Tokio 1880. av. atlas de planches. *d. veau.*
— Bis.

609. Porto-Alegre, Monographia do caffé, historia, cultura e producção. Lis-
boa 1879. *veau.* (525 pag.).

610. Moreira, N. J. Breves considerações sobre a historia e cultura do cafeeiro
e consumo do seu producto. Rio de Jan. 1873.

611. Sabonadière, G. O fazendeiro de café em Ceilão. Rio de Jan. 1877. —
Catalogo de las plantas de la republica del Uruguay. Montevid. 1873. —
Morris, Cacao: how to grow and how to cure it. Jamaica 1882.

612. Journal of the Tokio geographical Society for 1879, 1880, 1881. 3 vol.
av. cart.
Texte Japonais.

613. Catalogue of aves, minerals and of the specimens of historical geology
(palaeozoic.) in the scient. Museum of Tokio. 1882. 3 vol. *bound.*

614. Peckolt, Th. Historia das plantas alimentares e de gozo do Brasil. Rio
de Jan. 1871—82. I. II. IV. — Ferreira de Carvalho, Melhoramentos adop-
tados na lavoura de canna, e fabrico do assucar. San' Luiz do Maran-
hão 1869.

615. Anville, d'. Nouvel atlas de la Chine, de la Tartarie chinoise et du Thibet. Av. descript. de la Boucharie. La Haye 1737. fol.
Collection de 42 cartes. Qq. cartes légèr. endommagées.

616. Klaproth, J. Verzeichniss d. chines. u. mandshuischen Bücher u. Handschriften d. Kön. Bibliothek zu Berlin. Par. 1822 fol. *Quelques piqûres.*
A la fin on a ajouté: Abhandl. üb. d. Sprache u. Schrift d. Uiguren.

617. Lepsius. Standard alphabet for reducing languages a. graphic systems to a uniform orthography. 2d ed. Lond. 1865. *toile. Le titre manque.*

618. Bazin, A. Grammaire mandarine ou principes généraux de la langue chinoise parlée. Par. 1856.

619. Thom, R. The Chinese speaker or extracts from works written in the Mandarin language, as spoken at Peking. Part. I. Ningpo 1846. gr. in-8°. *Ex. s. papier de Chine. Rare.* — The China review or notes a. gueries on the far East. Vol. VIII. N°. 2—4. Hongk. 1879—80. 3 prts. gr. in-8°.

620. Edkins, J. A grammar of the Chinese colloquial language, commonly called the Mandarin dialect. Shangh. 1857. *d. v.*

621. The tourist's guide a. merchants' manual, being an English-Chinese vocabulary of articles of commerce a. of domestic use etc. Hongk. 1864. 12°.-obl. *rel.*
Aux marges se trouve en charact. lat. la prononciation de chaque mot.

622. Andreae u. Geiger, Bibliotheca sinologica. Uebersichtl. Zusammenstellungen als Wegweiser durch das Gebiet d. sinolog. Literatur. Mit Anhang: Verzeichn. einer grossen Anzahl ächt chines. Bücher nebst Mittheilung d. Titel in chines. Schriftzeichen. Frkf. 1864. *toile.*

623. Gonçalves, J. A. Diccionario portuguez-china, no estilo vulgar mandarim e classico geral. Macao 1831. 4°. 872 pag. à 2 col. *Manque le titre et les 100 prem. pages endomm. par les fourmis en marge infér. sans beauc. nuire au texte.*

624. 康熙字典. *K'ang-hi tsé-tièn.* Dictionnaire impérial de la langue chinoise de K'ang-hi. Edition stéréotypée. 4 vol.

---

625. Branches fleurissantes d'arbres japonais, peintes magnifiquement d'après nature sur leurs bois et encadrés de leur écorce.
12 Tableaux avec souscription en japon. et latin.

LEIDEN, BOEKDRUKKERIJ VAN E. J. BRILL.